紹興大典

史部

康熙 會稽縣志

2

中華書局

會稽縣志卷第十一

田賦志下

田地　山　蕩　池塘漊　鈔蕩　人丁

竈戶　額徵　起運　存留　雜支　條禁

聖王治天下凡事必與民同好惡而爲之興利除害焉然利之所在卽害之所伏而田賦爲尤甚不可不分途以稽其用亦不可不畫一以專其事蓋事一則那移影射逗漏侵耗之弊息

國朝糧課總歸戸部折衷前代之因革者倣周官專

職之意且水旱有蠲租之詔里胥嚴私派之禁法至美矣又設簡明文冊各戶給發由單輸糧者銀七錢三故窮鄉比戶無不以制錢爲寶錢法之行尤爲極盛云

田

原額田肆千叁百柒拾玖頃畝捌厘捌毫

皇清康熙六年丈出田壹拾頃柒拾叁畝貳分玖厘壹毫壹絲捌忽實該田肆千叁百捌拾玖頃柒拾叁畝叁分柒厘玖毫壹絲捌忽內

上田壹千柒百玖拾陸頃肆拾畝叁厘叁毫陸絲

康熙六年丈出田壹拾畝陸分肆厘捌絲捌忽實

該田壹千柒百玖拾陸頃伍拾畝陸分柒厘肆毫

肆絲捌忽每畝徵銀壹錢壹分玖厘陸毫該銀貳萬壹千肆百捌拾陸兩貳錢貳分陸毫陸絲柒忽捌微捌渺○每畝徵米叁升貳合肆勺該米伍千捌百貳拾石陸斗捌升壹合捌勺伍抄叁撮壹圭伍粟貳粒

中田貳百捌拾壹頃玖拾壹畝叁分捌毫康熙六

年丈出田壹拾叁頃玖拾柒畝玖厘陸毫伍絲實

該田貳百玖拾伍頃捌拾捌畝肆分肆毫伍絲每畝

徵銀壹錢壹分伍厘伍毫該銀叁千肆百壹拾柒兩肆錢陸分柒毫壹絲玖忽柒微伍塵○每畝徵米叁升貳合肆勺該米玖百伍拾捌石陸斗陸升肆合叁勺伍撮捌圭

下田壹千柒拾頃肆拾玖畝柒分玖厘捌毫肆絲

康熙六年丈出田柒頃壹拾捌畝玖分實該田壹千柒拾柒頃陸拾捌畝陸分玖厘捌毫肆絲每畝徵銀壹錢壹分壹厘捌毫該銀壹萬貳千肆拾捌兩伍錢肆分肆毫捌絲壹忽壹微貳塵○每畝徵米叁升貳合肆勺該米叁千肆百玖拾壹石柒斗伍合捌勺貳抄捌撮壹圭陸粟

貳升北折米田壹百壹拾肆頃捌畝壹分貳厘壹毫康熙陸年丈缺田貳頃貳拾陸畝肆分伍厘陸

毫捌絲實該田壹百壹拾壹頃捌拾壹畝陸分[illegible]

厘肆毫貳絲 每畝徵銀壹錢肆厘叁毫該銀壹千壹百陸拾陸兩貳錢肆分柒厘伍毫柒絲陸忽陸塵○每畝徵米貳升捌合玖勺該米叁百貳拾叁石壹斗伍升玖抄伍撮叁圭捌粟

貳升上北折米田壹拾肆頃壹拾壹畝壹分壹厘叁毫康熙六年丈出田壹拾畝玖分肆厘柒毫實該田壹拾肆頃貳拾貳畝陸厘 每畝徵銀壹錢陸厘陸毫該銀壹百伍拾壹兩伍錢玖分壹厘伍毫玖絲陸忽○每畝徵米貳升陸合捌勺該米叁拾捌石壹斗壹升壹合貳勺捌撮

叁升北折米田壹拾叁頃壹拾叁畝捌分陸厘康

熙六年丈缺田壹拾貳畝壹分柒厘壹絲實該田
壹拾叁頃壹畝陸分叁厘伍毫玖絲每畝徵銀壹錢伍毫該銀
壹百叁拾兩捌錢壹分肆厘肆毫柒忽玖微伍塵
○每畝徵米貳升肆合叁勺該米叁拾壹石陸斗
貳升玖合柒勺伍
抄貳撮叁圭柒粟
肆升北折米田捌頃玖拾壹畝伍分壹厘伍毫康
熙六年丈缺田貳拾伍畝叁分壹毫陸絲實該田
捌頃陸拾陸畝貳分壹厘叁毫肆絲每畝徵銀玖分玖厘叁毫
該銀捌拾陸兩壹分肆厘玖毫玖絲陸微貳塵○
每畝徵米貳升貳合柒勺該米壹拾玖石陸斗陸
升叁合肆抄肆
撮壹圭捌粟

肆升上北折米田伍拾伍頃叁拾伍畝玖分壹厘
內康熙六年丈缺田肆拾畝柒分肆厘貳毫柒絲
實該田伍拾肆頃玖拾伍畝壹分陸厘柒毫叁絲
每畝徵銀壹錢壹厘貳毫該銀伍百伍拾陸兩壹
錢壹分玖毫叁絲柒微陸塵○每畝徵米貳升壹
合該米壹百壹拾伍石叁斗玖
升捌合伍勺壹抄叁撮叁圭
伍升北折米田壹拾陸頃康熙六年丈出田柒畝
叁分玖厘叁毫實該田壹拾陸頃柒畝叁分玖厘
叁毫　每畝徵銀玖分陸厘叁毫該銀壹百伍拾肆
兩柒錢玖分壹厘玖毫肆絲伍忽玖微○每
畝徵米壹升玖合該米叁拾
石伍斗肆升肆勺陸抄柒撮

伍升上北折米田捌拾貳項叁拾陸畝肆分貳厘肆毫康熙六年丈出田柒畝玖分伍厘叁毫實該田捌拾貳項肆拾肆畝叁分柒厘柒毫每畝徵銀壹錢陸厘肆毫該銀捌百柒拾柒兩貳錢壹厘柒毫壹絲貳忽捌微○每畝徵米壹升玖合壹勺該米壹百伍拾柒石肆斗陸升柒合陸勺柒圭

柒升北折米田貳拾伍項柒拾捌畝伍分康熙六年丈缺田貳項陸拾叁畝壹分貳厘壹毫貳絲實該田貳拾叁項壹拾伍畝叁分柒厘捌毫捌絲每畝徵銀玖分叁厘貳毫該銀貳百壹拾伍兩柒錢玖分叁厘叁毫肆忽壹微陸塵○每畝徵米壹升伍

合伍勺該米叄拾伍石捌斗捌
升捌合叄勺柒抄壹撮肆圭
山海鄉田柒百肆拾頃肆拾陸畝陸厘伍毫康熙
六年丈缺田叄頃壹畝陸分肆厘捌毫捌絲實該
田柒百叄拾柒頃肆拾肆畝肆分壹厘陸毫貳絲
每畝徵銀玖分壹厘貳毫該銀陸千柒百貳
拾伍兩肆錢玖分柒毫伍絲柒忽肆微肆塵
山患田柒拾貳頃壹拾叄畝玖分柒厘壹毫康熙
六年丈缺田壹頃壹拾陸畝玖分壹厘玖毫實該
田柒拾頃玖拾柒畝伍厘貳毫每畝徵銀貳分玖厘伍毫該銀貳百
玖兩叄錢陸分
叄厘叄絲肆忽

新墾山田壹拾陸畝捌分玖厘柒毫每畝徵銀柒分伍毫該銀壹兩壹錢玖分壹厘貳毫叁絲捌忽伍微

海患田捌拾柒頃陸拾叁畝叁分貳厘壹毫康熙六年丈缺田玖拾叁畝貳分柒厘玖毫實該田捌拾陸頃柒拾畝肆厘貳毫每畝徵銀伍分玖厘該銀伍百壹拾壹兩伍錢叁分貳厘肆毫柒絲捌忽

新墾患田叁畝叁分伍毫每畝徵銀貳分貳厘該銀柒分肆厘陸毫玖絲叁忽

地

原額地叁百捌拾柒頃陸拾肆畝叁分伍厘貳毫
康熙十六年丈出地玖頃柒畝捌分捌厘柒毫實該
地叁百玖拾陸頃柒拾貳畝貳分叁厘玖毫内
上地壹百叁拾伍頃陸拾畝伍分壹厘壹毫康熙
六年丈缺地壹拾壹頃捌拾伍畝捌分捌毫實該
地壹百貳拾叁頃柒拾肆畝陸分叁厘壹毫每畝徵銀
肆分柒厘柒毫該銀伍百玖拾兩貳錢陸分玖厘
捌毫玖絲捌忽柒微○每畝徵米壹升陸合叁勺
該米貳百壹石柒斗陸
合肆勺捌抄伍撮叁圭
中地叁頃柒拾畝陸分叁厘肆毫康熙十六年丈出

地柒頃叁拾捌畝肆分陸厘柒毫實該地壹拾壹頃玖畝壹分壹毫每畝徵銀肆分伍厘捌毫該銀伍拾兩柒錢玖分陸厘捌毫貳絲伍忽捌微〇每畝徵米壹升陸合叁勺該米壹拾捌石柒斗捌合叁勺肆抄陸撮叁圭

下地陸拾陸頃玖拾叁畝肆厘玖毫康熙六年丈出地壹拾叁頃伍拾畝貳厘柒毫捌絲實該地捌拾頃肆拾叁畝柒厘陸毫捌絲每畝徵銀肆分伍厘叁毫該銀叁百陸拾肆兩叁錢伍分壹厘叁毫柒絲玖忽肆塵〇每畝徵米壹升陸合叁勺該米壹百叁拾壹石壹斗貳合壹勺伍抄壹撮捌圭肆粟

全荒地陸頃玖畝康熙六年丈出地叁頃玖拾貳

畝玖分陸厘陸毫實該地壹拾頃壹畝玖分陸厘

陸毫每畝徵銀壹分叁厘壹毫該銀壹拾叁兩壹錢貳分伍厘柒毫伍絲肆忽陸微

山地壹百柒拾肆頃叁拾陸畝柒分叁厘壹毫康熙六年丈缺地叁頃玖拾壹畝肆分陸厘玖毫捌絲實該地壹百柒拾頃肆拾伍畝貳分陸厘壹毫貳絲每畝徵銀壹分陸厘柒毫該銀貳百捌拾肆兩陸錢伍分伍厘捌毫陸絲貳忽肆塵

新墾山地貳拾玖畝陸分柒毫每畝徵銀壹分貳厘玖毫該銀叁錢捌分壹厘玖毫叁絲叁微

開元寺長春觀龍王堂武肅王地陸拾肆畝捌分

伍厘康熙十六年丈出地叁畝柒分柒厘陸毫實該地陸拾捌畝伍分玖厘陸毫每畝徵銀玖毫該銀陸分壹厘柒毫叁絲陸忽肆微

山

原額山壹千陸百玖拾叁頃捌拾壹畝柒分伍厘玖毫康熙十六年丈缺山貳拾畝叁分實該山壹千陸百玖拾叁頃陸拾壹畝肆分伍厘玖毫每畝徵銀肆厘陸毫該銀柒百柒拾玖兩陸分貳厘柒毫壹絲壹忽肆微

原額平水關山伍百肆拾玖頃柒拾伍畝貳分伍

厘柒毫康熙六年丈缺山壹拾畝貳分實該山伍百肆拾玖頃陸拾伍畝伍厘柒毫每畝徵銀伍厘該銀貳百柒拾肆兩捌錢八分伍厘貳毫捌絲伍忽

新墾山肆分叁厘捌毫每畝徵銀叁厘伍毫該銀壹厘伍毫叁絲叁忽

蕩

原額蕩玖頃捌拾伍畝壹分捌厘肆毫康熙六年丈出蕩壹畝玖分叁厘陸毫實該蕩玖頃捌拾柒畝壹分貳厘每畝徵銀貳分玖毫該銀貳拾兩陸錢叁分捌毫捌忽○每畝徵米陸合柒勺該米陸石陸斗壹升叁合柒勺肆撮

池塘漊

原額池塘漊伍頃捌拾捌畝肆分肆厘叁毫康熙六年丈出池塘漊貳頃肆拾貳畝玖分玖厘壹毫捌絲肆忽實該池塘漊捌頃叁拾壹畝肆分叁厘肆毫捌絲肆忽每畝徵銀壹分伍厘柒毫該銀壹拾叁兩伍分叁厘伍毫貳絲陸忽玖微捌塵捌渺○每畝徵米肆合叁勺該米叁石伍斗柒升伍合壹勺陸抄玖撮捌圭壹粟貳粒

鈔蕩

原額鈔蕩捌拾柒頃柒拾伍畝陸分康熙六年丈出鈔蕩捌頃貳拾肆畝玖分壹厘伍毫實該鈔蕩

玖拾陸頃伍分壹厘伍毫每畝徵銀壹分叁厘叁毫該銀壹百貳拾柒兩
陸錢捌分陸厘捌
毫肆絲玖忽伍微

人丁

原額人丁貳萬伍百肆拾玖丁口康熙六年清出叁拾伍丁伍分實該人丁貳萬伍百捌拾肆口伍分內市民貳千伍百肆拾捌口康熙六年清出市丁貳口實該人口貳千伍百伍拾口每口徵銀壹錢陸分貳厘
該銀肆百壹
拾叁兩壹錢

鄉民成丁壹萬壹千貳百陸拾肆口伍分康熙六

年清出成丁貳拾捌口伍分實該成丁壹萬壹千貳百玖拾叁口每口徵銀壹錢捌分該銀貳千叁拾貳兩柒錢肆分○每口徵米叁合玖勺該米肆拾肆石肆升貳合柒勺

新陞人口陸拾叁口伍分每口徵銀壹錢捌分該銀壹拾壹兩肆錢叁分○每口徵米叁合玖勺該米貳斗肆升柒合陸勺伍抄

不成丁叁千捌百捌拾陸口康熙六年清出不成丁伍口實該不成丁叁千捌百玖拾壹口每口徵銀壹錢伍分該銀伍百捌拾叁兩陸錢伍分

竈戶

竈戶貳千柒百捌拾柒口每口徵銀壹分該銀貳拾柒兩捌錢柒分〇每口徵米壹合叁勺該米叁石陸斗貳升叁合壹勺

額徵

以上田地山蕩池塘漊人丁等項共徵銀伍萬叁千叁百貳拾陸兩壹錢叁分肆厘陸毫叁絲肆忽陸微叁塵陸渺除紳衿止免本身壹丁銀壹百陸兩捌錢伍分陸毫額徵銀伍萬叁千貳百壹拾玖兩貳錢捌分肆厘叁絲肆忽陸微叁塵陸渺加收零積餘米改徵銀叁拾壹兩肆錢肆厘陸毫玖絲

伍忽玖微孤貧口糧米改徵銀玖百伍拾肆兩每
額徵銀壹兩加徵蠟茶顏料新加銀捌毫伍絲肆
忽陸微陸塵玖渺陸漠肆纖捌沙實新加銀肆拾
伍兩肆錢捌分肆厘玖毫肆忽肆微伍塵柒渺伍
漠遁共實徵銀伍萬肆千貳百伍拾兩壹錢柒分
叁厘陸毫叁絲肆忽玖微玖塵叁渺伍漠
共徵米壹萬壹千肆百叁拾壹石捌斗玖升叁勺
肆抄陸撮陸圭玖粟肆粒除收零積餘米叁拾壹
石肆斗肆合陸勺玖抄伍撮玖圭孤貧口糧米玖

百伍拾肆石俱改米徵銀每米壹石減米捌升陸
合壹勺玖抄柒撮捌圭柒粟捌粒伍黍肆粞叁糠
柒秕改徵銀捌分陸厘壹毫玖絲柒忽捌微柒塵
捌渺伍漠肆埃叁纖柒沙實徵米壹萬肆百肆拾
陸石肆斗捌升伍合陸勺伍抄柒圭玖粟肆粒
外賦不入地丁科徵銀壹百伍拾兩捌錢叁分叁
厘陸毫陸絲肆忽玖微玖塵肆渺陸漠內鹽課曹
娥場小金團稅并車珠銀壹兩伍錢貳分叁厘肆
毫陸絲肆忽玖微玖塵肆渺陸漠本縣課鈔銀壹

兩陸錢陸分伍厘貳毫油榨窑冶茶株等戶出辦
歸經費用本縣河泊所課鈔銀陸兩柒錢伍分船
戶鳥戶出辦歸經費用匠班銀壹百肆拾兩捌錢
玖分伍厘匠戶出辦以上地丁并外賦共實徵銀
伍萬肆千肆百壹兩柒厘貳毫玖絲玖忽玖微捌
塵捌渺壹漠內
起運銀肆萬柒百叁拾叁兩壹錢肆分陸厘陸毫
壹絲柒忽叁微捌渺玖埃
鹽課銀叁百玖拾柒兩貳錢捌分壹厘陸毫叁忽

柒微貳塵伍渺陸漠貳埃伍纖

漕運銀伍千伍百玖拾貳兩叁錢叁分叁厘捌毫肆絲玖忽玖微伍塵肆渺叁漠捌埃伍纖

驛站存留銀柒千陸百柒拾捌兩貳錢肆分伍厘貳毫貳絲玖忽內除外賦課鈔抵經費銀捌兩肆錢壹分伍厘貳毫徵錢捌千肆百壹拾伍文貳分于課鈔全徵錢支給外實該地丁內存留銀柒千陸百陸拾玖兩捌錢叁分貳絲玖忽

奉文徵錢

一件外局之爐座既復等事于康熙七年三月初六日奉　督撫二院案驗准　戶部咨開存留驛站經費俸工等項遵照定例收錢放錢各州縣應照欵徵錢支放等因奉此遵照拾分徵錢該錢柒百陸拾陸萬玖千捌百叁拾文貳厘玖毫每額徵銀壹兩該徵錢壹百肆拾肆文壹分壹厘柒毫肆絲玖忽柒微肆塵實徵米壹萬肆百肆拾陸石肆斗捌升伍合陸勺伍抄柒圭玖粟肆粒

漕運米叁千伍百捌拾陸石玖斗陸升伍勺

存留米陸千捌百伍拾玖石伍斗貳升伍合壹勺
伍抄柒圭玖粟肆粒

起運

戶部項下

夏稅

京庫折銀麥陸百伍拾肆石肆斗捌升陸合肆勺
每石折銀貳錢伍分該銀壹百陸拾叁兩陸錢貳
分壹厘陸毫每兩滴珠路費貳分柒厘該銀肆兩
肆錢壹分柒柒厘柒
毫捌絲叁忽貳微

農桑折絹捌疋壹丈玖寸壹分貳厘全折坐派銀肆兩陸錢叁

分柒厘伍毫每兩路費壹分該銀肆分陸厘叁毫柒絲伍忽原解江南今改解京

秋糧

京庫折銀米壹萬壹千肆百捌拾捌石柒斗捌升貳合玖勺每石折銀貳錢伍分該銀貳千捌百柒拾貳兩壹錢玖分伍厘柒毫貳絲伍忽每兩加滴珠路費貳分柒厘該銀柒拾柒兩伍錢肆分玖厘貳毫捌絲肆忽伍微柒塵伍渺

派剩米陸百壹拾玖石壹斗貳升陸合叁抄內米貳百陸拾捌石捌斗柒合壹勺肆抄壹撮玖圭每石折銀柒錢該銀壹百捌拾捌兩壹錢陸分肆厘玖毫玖絲玖忽叁微叁塵又米叁百伍拾石叁斗壹升捌合捌勺捌抄捌撮壹圭每石折銀陸錢該銀貳百壹拾兩壹錢玖分壹厘叁毫叁絲貳忽捌微陸塵貳項共銀叁百玖拾捌兩叁錢伍分陸厘叁毫

叁絲貳忽壹微玖塵每兩加路費壹分貳厘該銀
肆兩柒錢捌分貳厘柒絲伍忽玖微捌塵陸渺貳
漠捌
埃
折色顏價銀壹百玖拾伍兩肆錢叁分柒厘每兩路費壹分該銀壹兩玖錢伍分肆厘叁毫柒絲
富戶銀貳拾兩每兩路費壹分該銀貳錢
昌平州銀肆兩每兩路費壹分該銀肆分於倫用銀內扣解
芽茶叁拾伍觔柒兩壹錢玖分伍厘原額芽茶玖拾捌觔壹兩伍錢于順治十年六月內會議改徵折色實該前數每觔價銀壹錢貳分該銀肆兩貳錢伍分叁厘玖毫陸絲貳忽伍微每兩加路費壹分該銀肆分貳厘伍毫叁絲玖忽陸微貳塵伍渺

葉茶陸拾柒觔壹拾肆兩貳錢每觔價銀肆分該銀貳兩柒錢壹分伍厘伍毫每兩路費壹分該銀貳分柒厘壹毫伍絲伍忽

黃蠟壹百陸拾伍觔壹拾伍兩捌錢柒分肆厘原額黃蠟貳百壹拾陸觔壹拾伍兩貳錢伍分于順治十年六月內會議改徵折色實該前數每觔價銀叁錢肆分該銀伍拾陸兩肆錢叁分柒厘叁毫貳絲貳忽伍微每兩路費壹分該銀伍錢陸分肆厘叁毫柒絲叁忽貳微貳塵伍渺

原解江南藥價銀叁錢捌分叁厘貳毫叁絲肆忽津貼路費銀柒分陸厘陸毫肆絲陸忽捌微

南部解薪皂隸銀捌拾陸兩壹錢每兩路費壹分該銀捌錢陸分

壹厘遇閏加銀柒
兩路費銀柒分
直堂把門看監看倉隸兵銀貳拾兩陸錢每兩路費壹分該銀貳
錢陸厘
顏料改折價墊損解路費共銀貳百肆拾伍兩陸
錢伍分陸毫陸絲叁忽貳微壹塵貳渺伍漠內順治十
年六月內奉
旨會議改徵折色銀硃叁拾叁觔壹拾壹兩貳錢捌
分每觔價銀貳兩玖錢陸分鋪墊壹錢壹分　賦
硃壹拾叁兩肆分每觔價銀叁錢鋪墊壹錢壹分
烏梅肆拾柒觔陸兩捌錢捌分每觔價銀肆分
鋪墊壹分壹厘　黑鉛壹拾柒觔壹拾肆兩捌錢
陸分每觔價銀柒分鋪墊壹分壹厘　五棓子玖
觔柒兩伍錢柒分貳厘伍毫每觔價銀柒分鋪墊

壹分壹厘　生漆壹百捌拾叁觔陸兩柒錢伍分
伍厘每觔價銀貳錢鋪墊壹分陸厘　嚴漆改泒
生漆壹百壹拾叁觔陸兩捌錢伍分每觔價銀貳
錢鋪墊壹分陸厘　嚴漆壹百柒拾觔貳兩陸錢
柒分伍厘每觔價銀貳錢肆分鋪墊壹分陸厘
黃蠟叁拾叁觔玖錢叁分貳厘伍毫每觔價銀叁
錢貳分鋪墊壹分陸厘　黃熟銅伍觔玖錢肆分
每觔價銀壹錢壹分叁厘鋪墊壹分陸厘桐油伍
拾叁觔玖錢肆分每觔價銀陸分鋪墊捌厘　水
牛角伍副每副價銀玖錢伍分鋪墊陸分肆厘
以上通共價銀貳百貳拾叁兩壹錢貳分陸毫肆
絲叁忽肆微叁塵柒渺伍漠原額鋪墊銀壹拾叁
兩肆錢肆分陸厘玖毫柒絲肆忽捌微肆塵叁渺
柒漠伍埃原額解損銀玖兩捌分叁厘肆絲肆忽
玖微叁塵壹渺貳漠伍埃今改徵折銀三項共加
路費每兩壹分該銀貳兩肆錢伍分陸厘伍毫陸
忽陸微叁塵貳渺
壹漠貳埃伍纖

鹽鈔

額鈔肆百叁拾伍錠叁貫折銀貳兩肆錢捌分玖厘肆毫伍絲肆忽　折色銅錢肆千叁百伍拾陸文折銀陸兩貳錢貳分貳厘捌毫伍絲柒忽壹微肆塵貳渺捌漠俱每兩加路費壹分貳厘該銀壹錢肆厘伍毫肆絲柒忽柒微叁塵叁渺柒漠壹埃叁纖陸沙

有閏加鈔叁拾柒錠肆貫該銀貳錢壹分叁毫壹絲貳忽　折色銅錢叁百陸拾捌文該銀伍錢貳分伍厘柒毫壹絲肆忽貳微捌塵伍渺捌漠貳項共加

路費銀捌厘捌毫叁絲貳忽叁微壹塵伍渺肆漠貳埃玖纖陸沙

九厘銀陸千貳百伍拾貳兩伍分柒厘肆毫肆絲每兩路費柒厘該銀肆拾叁兩柒錢陸分肆厘肆毫貳忽捌塵

以上戶部項下折色共銀壹萬叁百叁拾伍兩壹錢伍分捌厘伍毫玖絲伍微肆塵伍渺叁漠　路費銀共壹百叁拾柒兩玖分壹厘貳毫伍絲玖忽捌微伍塵柒渺壹漠壹埃捌纖陸沙

禮部項下折色

牲口銀叁拾柒兩每兩路費壹分該銀叁錢柒分

藥材折色銀玖兩玖錢捌分壹厘捌毫玖絲津貼路費銀肆兩玖錢玖分玖毫肆絲伍忽內扣解包纍紅黃紙價銀貳錢玖分叁厘陸絲貳忽伍微

光祿寺果品銀壹拾柒兩肆錢

菜笋銀伍兩肆錢陸分玖厘二項俱每兩加路費壹分該銀貳錢貳分捌厘陸毫玖絲

以上禮部項下折色共銀陸拾玖兩捌錢伍分捌毫玖絲　路費共銀伍兩伍錢捌分玖厘陸毫叁絲伍忽

工部項下折色

白硝麂皮三張狐狸皮一張每張價銀陸錢該銀貳兩肆錢奉文留省

織造段疋支用

雕塡匠役銀叁兩伍錢玖分伍厘壹毫每兩路費壹分該銀叁分伍厘玖毫伍絲壹忽遇閏加銀貳錢玖分玖厘伍毫路費銀貳厘玖毫玖絲伍忽

桐油叁百捌拾壹觔壹拾兩捌錢捌分原額桐油柒百陸拾叁觔伍兩柒錢陸分奉文本折中半折色實該前數每觔價銀貳分叁厘柒毫伍絲該銀玖兩陸分肆厘玖毫每觔墊費捌分該銀叁拾兩伍錢叁分肆厘肆毫二共銀叁拾玖兩伍錢玖分玖厘叁毫今徵折色每兩路費壹分該銀叁錢玖分伍厘玖毫玖絲叁忽

漆木料銀肆兩肆錢肆分伍厘玖毫

弓改牛角貳百壹拾副　原額每副貳錢玖分順治叁年伍月奉文改解折色
又于拾貳年正月奉文每副增銀貳兩柒錢壹分
共銀陸百叁拾兩每兩路費壹分該銀陸兩叁錢

箭壹千玖百玖枝　原額每枝價銀壹分捌厘于順治叁年伍月內題
准改解折色每枝增銀捌分貳
厘共該銀壹百玖拾兩玖錢

弦壹千肆拾柒條　原額每條價銀伍分肆厘順治叁年伍月內題
准改解折色每條增銀肆分
陸厘共該銀壹百肆兩柒錢

胖襖褲鞋肆拾壹副陸分陸厘壹毫叁絲　原額每副價銀
壹兩伍錢順治叁年陸月內奉文改解折色每副
增銀壹兩貳錢共該銀壹百壹拾貳兩肆錢捌分
伍厘伍
毫壹絲

四司工料銀肆百貳拾兩叁錢

歲造叚疋銀肆百肆拾柒兩肆錢伍分捌厘伍毫

遇閏加銀貳拾貳兩玖分柒厘伍毫陸絲貳忽捌微肆塵貳渺陸漠二項解司織造叚疋支用

軍三軍器并路費銀貳百壹拾伍兩肆錢陸分壹厘伍毫內辦盔甲腰刀壹拾伍副貳分壹厘玖毫叁忽捌微肆塵陸渺壹漠伍埃叁纖捌沙盔每頂價銀叁兩伍錢甲每副價銀柒兩伍錢腰刀每口價銀貳兩共該價銀壹百玖拾玖兩捌錢肆分柒厘伍毫路費銀壹拾伍兩陸錢壹分肆厘係原額銀陸拾貳兩叁錢伍分玖厘路費銀壹拾伍兩陸錢壹分肆厘順治叁年伍月奉文增銀壹百叁拾柒兩肆錢捌分捌厘伍毫

民七軍器銀壹百玖拾貳兩叁錢捌分柒厘柒毫

內辦盔甲腰刀壹拾肆副柒分玖釐伍忽叁微捌塵肆渺陸漠壹埃伍纖肆沙盔每頂價銀叁兩伍錢甲每副價銀柒兩伍錢腰刀每口價銀貳兩共該銀壹百玖拾貳兩叁錢捌分柒釐柒毫內原額銀陸拾兩陸錢叁分捌釐貳毫順治叁年伍月奉文增銀壹百叁拾壹兩柒錢肆分玖釐伍毫

軍器路費銀伍兩柒錢肆釐肆毫

以上工部項下折色共銀貳千叁百陸拾玖兩肆錢叁分柒釐玖毫壹絲　路費銀陸兩柒錢叁分壹釐玖毫肆絲肆忽

戶部項下本色

顏料本色銀硃貳拾貳觔捌兩　原額銀硃伍拾陸觔叁兩貳錢捌分

于順治拾年奉

旨徵本色銀硃貳拾貳觔捌兩每觔原價肆錢陸分鋪墊壹錢壹分

銀硃柒觔捌錢 原額銀硃柒觔壹拾叄兩捌錢肆分順治拾年奉

旨徵本色銀硃柒觔捌錢每觔原價壹錢伍分鋪墊壹錢

烏梅壹拾伍觔 原額烏梅陸拾貳觔陸兩捌錢捌分順治拾年奉

旨徵本色烏梅壹拾伍觔每觔原價貳分鋪墊壹分壹厘

黑鉛貳拾壹觔 原額黑鉛叄拾捌觔壹拾肆兩捌錢陸分順治拾年奉

旨徵本色黑鉛貳拾壹觔每觔原價叄分伍厘鋪墊壹分壹厘

五棓子貳觔壹兩伍錢捌分柒厘伍毫 原額五棓子壹拾壹

觔玖兩壹錢陸分順治拾年奉
旨徵本色五棓子貳觔壹兩伍錢捌分柒厘伍毫每
觔原價叁分伍厘
鋪墊壹分壹厘
生漆壹拾觔玖兩伍錢貳分伍厘 原額生漆壹百玖拾肆觔貳錢
捌分順治拾年奉
旨徵本色生漆壹拾觔玖兩伍錢貳分伍厘每觔原
價壹錢鋪墊
壹分陸厘
嚴漆改派生漆陸觔玖兩壹錢伍分 原額漆壹百貳拾觔順治
拾年奉
旨徵本色生漆陸觔玖兩壹錢伍分每觔原價壹錢
鋪墊壹
分陸厘
嚴漆玖觔壹拾叁兩叁錢貳分伍厘 原額嚴漆壹百捌拾觔順

治拾年奉
旨徵本色嚴漆玖觔壹拾叄兩叄錢貳分伍厘每觔
原價壹錢貳分
鋪墊壹分陸厘
黃蠟壹拾觔貳兩叄錢捌分柒厘伍毫原額黃蠟肆拾叄觔
叄兩叄錢貳分順治拾年奉
旨徵本色黃蠟壹拾觔貳兩叄錢捌分柒厘伍毫每
觔原價銀壹錢陸
分鋪墊壹分陸厘
黃熟銅貳拾貳觔捌兩原額銅貳拾柒觔捌兩玖錢肆分順治拾年奉
旨徵本色黃熟銅貳拾貳觔捌兩每觔
原價壹錢壹分叄厘鋪墊壹分捌厘
桐油壹百叄拾陸觔捌兩原額桐油壹百捌拾玖觔捌兩玖錢肆分順治
拾年奉
旨徵本色桐油壹百叄拾陸觔捌兩每觔原價叄分

鋪墊捌厘　以上顏料通共正價銀貳拾叁兩陸錢柒分肆厘叁忽玖微陸渺貳漠伍埃鋪墊銀伍兩柒錢壹分伍厘玖毫柒絲捌忽玖微陸渺貳漠伍埃每正價壹兩給解損路費銀壹錢貳分該銀貳兩捌錢肆分捌毫捌絲肆微陸塵捌渺柒漠伍埃每年于二月間　督撫確估時價　題明造入易知由單

徵銀辦解

黄蠟伍拾觔壹拾伍兩叁錢柒分陸厘　原額黄蠟貳百壹拾陸觔壹拾伍兩貳錢伍分于順治拾年陸月內奉

旨仍徵本色黄蠟伍拾觔壹拾伍兩叁錢柒分陸厘每觔料價銀壹錢柒分該銀捌兩陸錢陸分叁厘叁毫柒絲

芽茶陸拾貳觔壹拾兩叁錢伍厘　原額芽茶玖拾捌觔壹兩伍錢于順治拾年陸月內奉

旨仍徵本色芽茶陸拾貳觔壹拾兩叁錢伍厘每觔

料價銀陸分該銀叁兩柒錢伍分捌厘陸毫肆絲
叁忽柒微伍塵二項于每年貳月間　督撫確估
時價　題明造入易
知由單徵銀辦解
以上戶部項下本色共銀叁拾陸兩玖分陸厘壹
絲柒忽陸微伍塵陸渺貳漠伍埃　鋪墊解損路
費銀捌兩伍錢伍分陸厘捌毫伍絲玖忽叁微柒
塵伍渺
禮部項下本色
藥材料價正銀貳兩捌錢玖分壹厘叁毫陸忽　內辦
本色紫石英叁錢陸分陸厘陸毫　黃藥子叁觔
捌錢玖分貳厘　牡丹皮壹觔叁錢　南星壹拾

觔叁兩　半　夏壹拾觔觔叁兩　白芍藥叁拾觔捌
兩玖錢貳分　茯苓壹拾伍觔肆兩肆錢陸分
吳茱萸壹觔叁錢　天門冬壹觔叁錢　猪牙皂
角捌兩壹錢伍分　津貼路費銀壹兩肆錢肆分
伍厘陸毫伍絲叁
忽辦料解司轉解
薦新茶芽貳拾貳觔黄絹袋袱旗號簍擯路費銀
貳拾兩解府具本解部
以上禮部項下本色銀貳兩捌錢玖分壹厘叁毫
陸忽　袋袱簍擯路費等銀貳拾壹兩肆錢肆分
伍厘陸毫伍絲叁忽
工部項下本色

桐油叄百捌拾壹觔壹拾兩捌錢捌分　原額桐油柒百陸拾叄觔伍兩柒錢陸分奉文本折中半本色實該前數毎觔價銀貳分叄厘柒毫伍絲該銀玖兩陸分肆厘玖毫毎觔墊費捌分該銀叄拾兩伍錢叄分肆厘肆毫辦料解司轉解

以上工部項下本色銀玖兩陸分肆厘玖毫　墊費銀叄拾兩伍錢叄分肆厘肆毫

以上起運各部寺銀壹萬貳千捌百貳拾貳兩肆錢玖分玖厘陸毫壹絲肆忽貳微壹渺伍漠伍埃

路費銀貳百玖兩玖錢肆分玖厘柒毫伍絲壹忽貳微叄塵貳渺壹漠壹埃捌纖陸沙

漕運官丁本折月糧

貢具銀壹百叁拾伍兩肆錢柒分叁厘玖毫柒絲叁忽肆微肆塵柒渺玖漠伍埃

領運官丁原額月糧本色米叁千伍百捌拾陸石玖斗陸升伍勺內給紹興衛運丁米叁千壹百捌拾柒石壹斗伍升捌合伍勺協濟杭州前右二衛運丁米叁百玖拾玖石捌斗貳合

領運官丁新改月糧米折銀柒千貳百壹拾叁兩伍錢肆分貳厘貳毫伍絲貳忽壹微伍塵貳渺伍埃原額如坻倉本色米伍千陸百叁拾陸石捌斗玖升伍合伍勺陸撮陸圭順治拾貳年欽奉

恩詔本折均平督撫題明每石折銀壹兩該銀貳千玖拾兩玖錢叁分伍厘陸忽陸微并同原折色銀陸千捌百陸拾貳兩伍錢捌分玖厘伍毫貳絲柒忽內支銀伍千壹百貳拾貳兩陸錢柒厘貳毫肆絲伍忽伍微伍塵貳渺伍埃共足柒千貳百壹拾叁兩伍錢肆分貳厘貳毫伍絲貳忽壹微伍塵貳渺伍埃內柒分給發運丁月糧米折銀伍千肆拾玖兩肆錢柒分玖厘伍毫柒絲陸忽伍微陸渺肆漠叁埃伍纖叁分撥運軍儲銀貳千壹百陸拾肆兩陸分貳厘陸毫柒絲伍忽陸微肆塵伍渺陸漠壹埃伍纖解充餉用餘銀解貢具兵餉

以上漕務各項銀柒千叁百肆拾玖兩壹分陸厘貳毫貳絲伍忽陸微內撥還軍儲充餉銀貳千壹百陸拾肆兩陸分貳厘陸毫柒絲伍忽陸微肆塵伍渺陸漠壹埃伍纖米叁千伍百捌拾陸石玖斗

陸升伍勺

遇閏加銀貳百肆拾玖兩肆錢捌分內柒分給軍銀壹百柒拾肆兩陸錢叁分陸厘叁分充餉銀柒拾肆兩捌錢肆分肆厘加米貳百柒拾玖石伍斗捌升肆合

留充兵餉

田地山銀叁千肆百叁拾叁兩壹錢貳分貳厘柒毫貳絲玖忽

預備秋米并扣餘米折充餉銀共貳千柒百肆兩叁錢伍分肆厘貳毫

均徭充餉銀壹百伍拾兩

民壯充餉銀伍百捌拾兩貳錢遇閏加銀伍拾陸兩肆錢

曆日充餉銀陸兩伍錢伍分

本府倉歲餘米充餉銀壹千玖百貳拾捌兩貳分

肆厘捌毫柒絲貳忽伍微

舊額撥充餉銀陸百肆拾柒兩陸錢捌分貳厘伍

毫

續撥軍儲充餉銀壹千壹百貳拾陸兩叄錢貳分

叄厘叄毫伍絲

會裁冗役銀壹千叁百柒拾兩伍分陸厘叁絲貳
忽　有閏加銀肆拾貳兩柒錢肆分貳厘叁毫捌絲肆忽
南折充餉銀叁千壹百壹拾肆兩貳分肆厘玖毫
軍儲餘存充餉銀肆千柒百叁拾壹兩玖錢陸厘
陸毫捌絲肆微貳塵伍渺
以上兵餉通共壹萬玖千柒百玖拾貳兩貳錢叁
分玖厘捌毫陸絲叁忽玖微貳塵伍渺
遇閏加預備米折充餉銀貳拾叁兩捌錢貳分陸
厘壹毫肆絲伍忽捌微叁塵

存留

本府拜進

表箋綾函紙劄寫表生員工食委官盤纏香燭等銀

叄兩貳錢玖分貳厘

官員經費俸廩欵項

布政司

廣濟庫庫夫壹拾柒名每名銀壹拾貳兩共銀

貳百肆兩遇閏加銀壹拾柒兩

布政司右布政使

快手陸名每名銀柒兩貳錢共銀肆拾叁兩貳
錢遇閏加銀叁兩陸錢
鋪兵貳名每名銀柒兩貳錢共銀壹拾肆兩肆
錢遇閏加銀壹兩貳錢
分守寧紹台道康熙六年奉
旨裁
快手壹拾貳名每名銀柒兩貳錢共銀捌拾陸
兩肆錢遇閏加銀柒兩貳錢
兵巡紹台道

門子肆名每名銀柒兩貳錢共銀貳拾捌兩捌
錢遇閏加銀貳兩肆錢
鋪兵貳名每名銀柒兩貳錢共銀壹拾肆兩肆
錢遇閏加銀壹兩貳錢
本府同知
燈夫貳名每名銀柒兩貳錢共銀壹拾肆兩肆
錢順治玖年肆月內會議每名工食陸兩共裁
銀貳兩肆錢解部遇閏加銀壹兩貳錢內又裁
銀貳錢解部

轎傘扇夫柒名每名銀柒兩貳錢共銀伍拾兩
肆錢順治玖年肆月內會議每名工食陸兩共
裁銀捌兩肆錢解部遇閏加銀肆兩貳錢內又
裁銀柒錢解部

推官康熙六年奉
旨裁
俸銀貳拾柒兩肆錢玖分遇閏加銀叁兩柒錢
肆分玖厘玖毫薪銀叁拾陸兩心紅紙張銀貳
拾兩修宅家伙銀壹拾兩卓幃傘扇銀壹拾兩

奉文自順治十二年爲始家伙銀兩全裁其脩
宅卓幃銀裁八存二應共裁銀壹拾柒兩存銀
叁兩

吏書捌名每名銀壹拾兩捌錢共銀捌拾陸兩
肆錢順治玖年肆月內會議每名工食陸兩共
裁銀叁拾捌兩肆錢解部遇閏加銀柒兩貳錢
內又裁銀叁兩貳錢解部

門子貳名每名銀柒兩貳錢共銀壹拾肆兩肆
錢順治玖年肆月內會議每名工食陸兩共裁

銀貳兩肆錢解部遇閏加銀壹兩貳錢內又裁
銀貳錢解部
步快捌名每名銀柒兩貳錢共銀伍拾柒兩陸
錢順治玖年肆月內會議每名工食陸兩共裁
銀玖兩陸錢解部遇閏加銀肆兩捌錢內又裁
銀捌錢解部
皂隸壹拾貳名每名銀柒兩貳錢共銀捌拾陸
兩肆錢順治玖年肆月內會議每名工食陸兩
共裁銀壹拾肆兩肆錢解部遇閏加銀柒兩貳

錢解部內又裁銀壹兩貳錢解部

照磨

俸銀壹拾玖兩伍錢貳分遇閏加銀貳兩陸錢

貳分陸厘陸毫薪銀壹拾貳兩

書辦壹名銀柒兩貳錢順治玖年肆月內會議

每名工食陸兩裁銀壹兩貳錢解部遇閏加銀

陸錢內又裁銀壹錢解部

門子壹名銀柒兩貳錢順治玖年肆月內會議

每名工食陸兩裁銀壹兩貳錢解部遇閏加銀

陸錢內又裁銀壹錢解部

皂隸肆名每名銀柒兩貳錢共銀貳拾捌兩捌錢順治玖年肆月內會議每名工食陸兩共裁銀肆兩捌錢解部遇閏加銀貳兩肆錢內又裁銀肆錢解部

馬夫壹名銀柒兩貳錢順治玖年肆月內會議每名工食陸兩裁銀壹兩貳錢解部遇閏加銀陸錢內又裁銀壹錢解部

三江倉大使

俸銀壹拾玖兩伍錢貳分遇閏加銀貳兩陸錢
貳分陸厘陸毫薪銀壹拾貳兩
書辦壹名銀柒兩貳錢順治玖年肆月內會議
每名工食陸兩裁銀壹兩貳錢解部遇閏加銀
陸錢內又裁銀壹錢解部
皂隸貳名每名銀柒兩貳錢共銀壹拾肆兩肆
錢順治玖年肆月內會議每名工食陸兩共裁
銀貳兩肆錢解部遇閏加銀壹兩貳錢內又裁
銀貳錢解部

三江錢淸曹娥三塲大使三員

俸銀每員壹拾玖兩伍錢貳分共銀伍拾捌兩

伍錢陸分遇閏加銀柒兩捌錢柒分玖厘捌毫

薪銀每員壹拾貳兩共銀叁拾陸兩

書辦各壹名每名銀柒兩貳錢共銀貳拾壹兩

陸錢順治玖年肆月內會議每名工食陸兩共

裁銀叁兩陸錢解部遇閏加銀壹兩捌錢內又

裁銀叁錢解部

皂隷各貳名每名銀柒兩貳錢共銀肆拾叁兩

貳錢順治玖年肆月內會議每名工食陸兩共
裁銀柒兩貳錢解部遇閏加銀叁兩陸錢內又
裁銀陸錢解部

東關驛驛丞
俸銀壹拾玖兩伍錢貳分遇閏加銀貳兩陸錢
貳分陸厘陸毫薪銀壹拾貳兩
書辦壹名銀柒兩貳錢詳定于驛傳銀內撥給
順治玖年肆月內會議每名工食陸兩裁銀壹
兩貳錢解部遇閏加銀陸錢內又裁銀壹錢解

部

皁隸貳名每名銀柒兩貳錢共銀壹拾肆兩肆錢詳定于驛傳銀内撥給順治玖年肆月内會議每名工食陸兩共裁銀貳兩肆錢觧部遇閏加銀壹兩貳錢内又裁銀貳錢解部

本縣知縣

俸銀貳拾柒兩肆錢玖分遇閏加銀叁兩柒錢肆分玖厘玖毫薪銀叁拾陸兩心紅紙張油燭銀叁拾兩脩宅家伙銀貳拾兩順治玖年肆月

內會議裁扣解部迎送上司傘扇銀壹拾兩奉文自順治拾貳年爲始裁銀捌兩解部

吏書拾貳名每名銀壹拾兩捌錢共銀壹百貳拾玖兩陸錢順治玖年肆月內會議每名工食陸兩共裁銀伍拾柒兩陸錢解部遇閏加銀壹拾兩捌錢內又裁銀肆兩捌錢解部

門子貳名每名銀柒兩貳錢共銀壹拾肆兩肆錢順治玖年肆月內會議每名工食陸兩共裁銀貳兩肆錢解部遇閏加銀壹兩貳錢內又裁

銀貳錢解部

皂隸壹拾陸名每名銀柒兩貳錢共銀壹百壹拾伍兩貳錢順治玖年肆月內會議每名工食陸兩共裁銀壹拾玖兩貳錢解部遇閏加銀玖兩陸錢內又裁銀壹兩陸錢解部

馬快捌名每名銀壹拾捌兩共銀壹百肆拾肆兩順治玖年肆月內會議每名工食陸兩共裁銀玖兩陸錢解部草料銀不裁其銀陸路備馬製械水鄉打造巡船以司緝探遇閏加銀壹拾

貳兩內又裁銀捌錢解部
民壯伍拾名每名銀柒兩貳錢共銀叁百陸拾
兩順治玖年肆月內會議每名工食陸兩共裁
銀陸拾兩解部遇閏加銀叁拾兩內又裁銀伍
兩解部
燈夫肆名每名銀柒兩貳錢共銀貳拾捌兩捌
錢順治玖年肆月內會議每名工食陸兩共裁
銀肆兩捌錢解部遇閏加銀貳兩肆錢內又裁
銀肆錢解部

看監禁卒捌名每名銀柒兩貳錢共銀伍拾柒
兩陸錢順治玖年肆月內會議每名工食陸兩
共裁銀玖兩陸錢解部遇閏加銀肆兩捌錢內
又裁銀捌錢解部脩理倉監銀貳拾兩
轎傘扇夫柒名每名銀柒兩貳錢共銀伍拾兩
肆錢順治玖年肆月內會議每名工食陸兩共
裁銀捌兩肆錢解部遇閏加銀肆兩貳錢內又
裁銀柒錢解部
庫書壹名銀壹拾貳兩順治玖年肆月內會議

每名工食陸兩裁銀陸兩解部遇閏加銀壹兩
內又裁銀伍錢解部
倉書壹名銀壹拾貳兩順治玖年肆月內會議
每名工食陸兩裁銀陸兩解部遇閏加銀壹兩
內又裁銀伍錢解部
庫子肆名每名銀柒兩貳錢共銀貳拾捌兩捌
錢順治玖年肆月內會議每名工食陸兩共裁
銀肆兩捌錢解部遇閏加銀貳兩肆錢內又裁
銀肆錢解部

斗級肆名每名銀柒兩貳錢共銀貳拾捌兩捌
錢順治玖年肆月內會議每名工食陸兩共裁
銀肆兩捌錢解部遇閏加銀貳兩肆錢內又裁
銀肆錢解部

縣丞

俸銀貳拾肆兩叁錢貳厘遇閏加銀叁兩叁錢
叁分叁厘叁毫薪銀貳拾肆兩

書辦壹名銀柒兩貳錢順治玖年肆月內會議
每名工食陸兩裁銀壹兩貳錢解部遇閏加銀

陸錢內又裁銀壹錢解部

門子壹名銀柒兩貳錢順治玖年肆月內會議每名工食陸兩裁銀壹兩貳錢解部遇閏加銀陸錢內又裁銀壹錢解部

皂隸肆名每名銀柒兩貳錢共銀貳拾捌兩捌錢順治玖年肆月內會議每名工食陸兩共裁銀肆兩捌錢解部遇閏加銀貳兩肆錢內又裁銀肆錢解部

馬夫壹名銀柒兩貳錢順治玖年肆月內會議

每名工食陸兩裁銀壹兩貳錢解部遇閏加銀
陸錢內又裁銀壹錢解部

典史

俸銀壹拾玖兩伍錢貳分遇閏加銀貳兩陸錢
貳分陸厘陸毫薪銀壹拾貳兩

書辦壹名銀柒兩貳錢順治玖年肆月內會議
每名工食陸兩裁銀壹兩貳錢解部遇閏加銀
陸錢內又裁銀壹錢解部

門子壹名銀柒兩貳錢順治玖年肆月內會議

每名工食陸兩裁銀壹兩貳錢解部遇閏加銀

陸錢内又裁銀壹錢解部

皂隸肆名每名銀柒兩貳錢共銀貳拾捌兩捌

錢順治玖年肆月内會議每名工食陸兩共裁

銀肆兩捌錢解部遇閏加銀貳兩肆錢内又裁

銀肆錢解部

馬夫壹名銀柒兩貳錢順治玖年肆月内會議

每名工食陸兩裁銀壹兩貳銀解部遇閏加銀

陸錢内又裁銀壹錢解部

本縣儒學教諭

俸銀壹拾玖兩伍錢貳分遇閏加銀貳兩陸錢

貳分陸厘陸毫薪銀壹拾貳兩

訓導康熙叁年奉

旨裁

俸銀壹拾玖兩伍錢貳分遇閏加銀貳兩陸錢

貳分陸厘陸毫薪銀壹拾貳兩

齋夫陸名每名銀壹拾貳兩共銀柒拾貳兩遇

閏加銀陸兩

膳夫捌名每名銀壹拾兩共銀捌拾兩內肆拾兩廩生支領肆拾兩解部充餉遇閏加銀陸兩陸錢陸分陸厘陸毫內又裁銀叁兩叁錢叁分叁厘叁毫解部

門子伍名內掌教叁名分教貳名每名銀柒兩貳錢共銀叁拾陸兩遇閏加銀叁兩

學書壹名銀柒兩貳錢遇閏加銀陸錢

喂馬草料銀每員壹拾貳兩共銀貳拾肆兩

廩生貳拾名每名廩糧壹拾貳石每石折銀捌

錢共該銀壹百玖拾貳兩
以上官役俸廪共銀貳千玖百叁拾壹兩柒錢陸分貳厘內除東關驛役銀貳拾壹兩陸錢在于驛傳銀內支給又外賦油榨窯冶茶株船戶鳥戶課鈔銀捌兩肆錢壹分伍厘貳毫凑抵外實徵銀貳千玖百壹兩柒錢肆分陸厘捌毫
驛站
本府驛站銀壹千捌百壹拾伍兩壹錢捌分陸厘陸毫貳絲陸忽

過往官員下程油燭柴炭共銀壹百貳拾兩

上司經臨及一應公幹過往官員合用心紅紙劄

油燭柴炭門廚皂隸米菜銀叁拾兩

上司經臨并過往公幹官員合用門皂銀壹百兩

僱夫銀壹千壹百伍拾肆兩肆錢遇閏加銀玖拾陸兩貳錢

差船叁拾貳隻共銀貳百貳拾柒兩貳錢內中船壹拾貳隻每隻水手貳名小船貳拾隻每隻水手壹名每名工食銀叁兩陸錢又修船銀壹兩肆錢撥差船頭貳名每名銀叁兩陸錢遇閏加役銀壹拾叁兩捌錢

僱馬銀壹百伍拾叁兩 加閏

鹽院完字號座船水手銀壹兩貳錢遇閏加銀壹錢

以上驛站共銀叁千陸百兩玖錢捌分陸厘陸毫貳絲貳忽

祭祀賓興

本府各祭祀共銀壹百貳拾貳兩柒錢叁厘貳毫伍絲

諭祭銀陸兩陸錢陸分陸毫伍絲

芒神土牛春酒等銀肆兩

本縣祭祀

文廟釋奠二祭共銀貳拾陸兩

啓聖公二祭共銀壹拾貳兩

鄉賢祠二祭共銀捌兩

城隍廟　土地祠各二祭共銀伍兩柒錢

四烈祠一祭銀叁兩叁錢

唐將軍二祭共銀捌兩

曹娥孝女祠二祭共銀捌兩

文廟香燭銀壹兩陸錢
迎春芒神土牛春酒銀叁兩
曆日紙料銀壹拾肆兩捌錢伍分玖厘捌毫遇閏
加紙銀貳錢壹分捌厘伍毫
門神桃符銀叁兩貳錢
鄉飲酒禮二次銀貳拾兩
提學道歲考心紅紙劄油燭柴炭吏書廩糧門皂
米菜銀伍兩伍錢
歲考生員合用試卷果餅激賞花紅紙劄筆墨并

童生果餅進學花紅府學銀壹拾肆兩縣學銀叁拾伍兩

提學道考試搭蓋篷廠工料銀叁兩

季考生員每年量季二次合用試卷果餅激賞花紅紙劄筆墨等項府學銀壹拾貳兩縣學銀陸拾兩

本府歲貢生員路費旗匾花紅酒禮銀柒錢伍分

本府貢生赴京路費銀叁拾兩

各院觀風考試生員合用試卷果餅激賞花紅紙

劄筆墨府學銀陸兩縣學銀叁拾兩

雜支

分守道新任陞任復任合用祭門祭衙祭船猪羊三牲香燭銀貳錢捌分

府縣新官到任祭門猪羊酒果香燭府銀貳兩柒錢陸分縣銀貳兩捌錢伍分

府縣陞遷給由并應朝起程復任公宴祭門祭江猪羊三牲酒果香燭等項府銀貳兩縣銀貳兩伍錢

布政司解戶貳名每名銀叁拾兩共銀陸拾兩

看守宋理宗廟門子壹名銀叁兩遇閏加銀貳錢
伍分
看守察院公署門子壹名銀叁兩遇閏加銀貳錢
伍分
本府巡鹽應捕陸名每名銀柒兩貳錢共銀肆拾
叁兩貳錢遇閏加銀叁兩陸錢
本縣巡鹽應捕捌名每名銀柒兩貳錢共銀伍拾
柒兩陸錢遇閏加銀肆兩捌錢
衝要壹拾壹鋪司兵肆拾伍名共銀叁百捌拾壹

兩遇閏加銀叁拾壹兩柒錢伍分內五雲鋪伍名
每名銀玖兩織女鋪皐部鋪茅洋鋪陶家堰鋪瓜
山鋪黃家堰鋪東關鋪小江鋪白米堰鋪曹娥鋪
各肆名每名銀捌兩肆錢偏僻二鋪司兵陸名每
名銀柒兩貳錢共銀肆拾叁兩貳錢遇閏加銀叁
兩陸錢內桑盆鋪周家鋪各叁名
各渡渡夫壹拾叁名每名銀叁兩陸錢共銀肆拾
陸兩捌錢遇閏加銀叁兩玖錢內梁湖渡陸名除
工食外每名僱船銀貳兩肆錢于修理王陵餘銀

內支給清江渡貳名小江渡伍名

看守玉山陡門閘夫貳名三江大閘壹名每名銀叁兩共銀玖兩遇閏加銀柒錢伍分

脩城民七料銀叁拾兩肆錢叁分壹厘

脩理官船水手銀叁拾捌兩遇閏加役銀貳兩伍錢

脩理府縣鄉飲公宴祭祀新官到任齋宿幕次器皿什物及經過公幹官員轎傘幃褥等銀伍兩頁

備本縣雜用銀貳百肆拾壹兩壹錢貳分貳厘陸

毫內以柒分聽上司行文取用叁分聽本縣公事
支銷俱明立文案造送查核有餘存貯報司以
備緩急之需應支項欵開後加增
表箋通數銀　昌平州銀肆兩　各院司道取給舉
人貢生路費卷資等銀獎勸激賞孝子節婦善人
米布銀按察司進　表木手銀恤刑案臨合用心
紅紙劄油燭柴炭吏書供給銀修理院司公舘家
伙等銀其有事出不常數難定計俱于內支取年
終造冊院
司道查核

戰船民六料銀伍拾叁兩伍錢肆分捌厘捌毫解
府
淺船料銀肆百柒兩叁錢捌分叁毫解糧道
孤貧老民貳百陸拾伍兩每名年給布花木柴銀

陸錢共銀壹百伍拾玖兩

府縣獄重囚口糧銀柒拾貳兩

以上祭祀賓典雜支共銀貳千壹百陸兩玖錢

伍分貳厘肆毫內扣解昌平州銀肆兩歸起運

之內實料銀貳千壹百貳兩玖錢伍分貳厘肆

毫

貳年壹辦每年帶徵

本縣貢生旗匾花紅酒禮銀叁兩

歲貢生員赴京路費銀叁拾兩

叁年壹辦毎年帶徵
科舉禮幣進士舉人牌坊銀玖拾壹兩肆錢柒分
肆厘柒毫肆絲叁忽
迎宴新舉人合用捷報旗匾銀花綵段旗帳酒禮
各官酒席府銀壹拾貳兩叁錢叁分肆厘解府
縣銀壹拾貳兩如無中式及有盈餘俱解府庫備下科支用
起送會試舉人酒席路費卷資府銀捌兩叁錢捌
分肆厘肆毫縣銀貳拾兩俱徵解府庫照起送名數申請動支
會試舉人水手銀壹百壹拾貳兩解司庫聽給

賀新進士合用旗匾花紅酒席府銀叁兩玖錢捌分叁厘縣銀陸兩陸錢陸分陸厘陸毫陸絲俱徵解府庫照中式名數申請動支

起送科舉生員酒禮花紅卷資路費各官倍席府銀陸兩伍錢解府縣銀叁拾陸兩柒錢肆分陸厘柒毫本縣徵用照名儘將所泒銀兩通融均給

武舉供給筵宴盤纏銀陸錢壹分

貢院催稅家伙等銀貳兩伍錢二項解司

貳叁年壹辦共銀叁百肆拾陸兩壹錢玖分玖厘

伍毫叁忽

存畱本色米

祭祀米伍石

解運省倉給兵米陸千柒百捌拾壹石伍斗叁合
肆勺

孤貧貳百陸拾伍名每名歲支米叁石陸斗共米
玖百伍拾肆石奉督院佟憲行原在題畱叁萬肆千之內相應遵奉照編

以上共存畱米柒千柒百肆拾石伍斗叁合肆
勺

應裁解部

本縣捕盜應捕捌名每名銀柒兩貳錢共銀伍拾
柒兩陸錢

上司按臨并府縣朔望行香講書紙劄香燭銀玖
兩

外省馬價銀壹千陸百伍拾叁兩叁錢玖分捌厘
伍毫柒絲陸忽柒微叁塵柒渺柒漠捌埃貳纖路費
銀壹拾陸兩伍錢叁分叁厘玖毫捌絲伍
忽柒微陸塵柒渺叁漠柒埃柒纖捌沙

本府預備倉經費銀陸拾捌兩肆錢

如抵倉經費銀壹拾捌兩肆錢

本縣預備倉經費銀貳拾貳兩

預備倉本府雜用叁拾柒兩伍錢

預備本縣雜用銀壹百叁兩

各役工食裁剩充餉銀壹兩伍錢壹釐玖毫捌絲

玖忽柒微肆塵貳渺捌漠

收領積餘銀肆拾捌兩捌錢貳分玖釐貳毫捌絲

叁忽陸微肆塵貳渺叁漠肆埃陸纖陸沙

收領積餘米叁拾壹石肆斗肆合陸勺玖抄伍撮

玖圭

以上舊編裁剩解部銀貳千壹拾玖兩陸錢貳分玖厘捌毫伍絲壹微貳塵貳渺玖漠貳埃捌纖陸沙路費銀壹拾陸兩伍錢叁分叁厘玖毫捌絲伍忽柒微陸塵柒渺叁漠柒纖捌沙

米叁拾壹石肆斗肆合陸勺玖抄伍撮玖圭

本縣田地山蕩人丁共額徵銀伍萬壹千陸百肆拾貳兩肆錢肆分捌厘伍毫捌忽伍微捌塵內

起運各部寺銀壹萬貳千捌百貳拾貳兩肆錢玖

分玖厘陸毫壹絲肆忽貳微壹渺伍漠伍埃路費
銀貳百玖兩玖錢肆分玖厘柒毫伍絲壹忽貳微
叁塵貳渺壹漠壹埃捌纖陸沙
隨糧帶徵鹽課漁課銀肆百陸拾肆兩柒錢柒分
叁厘貳毫柒絲陸微貳塵伍渺內不入田畝銀壹
兩肆錢玖分捌厘路費銀壹拾肆兩壹錢伍分貳
厘捌絲叁忽壹微陸渺貳埃伍纖內不入田畝銀
貳分伍厘肆毫陸絲肆忽玖微玖塵肆渺陸漠
漕運貢具月糧等銀伍千壹百捌拾肆兩玖錢伍

分叁厘伍毫肆絲玖忽玖微伍塵肆渺叁漠捌埃

伍纖

留充兵餉銀壹萬玖千柒百玖拾貳兩貳錢叁分

玖厘捌毫陸絲叁忽玖微貳塵伍渺

存留銀捌千伍百伍拾捌兩壹錢柒分柒厘叁毫

貳絲玖忽又外賦油榨窑冶茶株船戶鳥戶課鈔

抵經費銀捌兩肆錢壹分伍厘貳毫

舊編裁剩解部銀貳千壹拾玖兩陸錢貳分玖厘

捌毫伍絲壹微貳塵貳渺玖漠貳埃捌纖陸沙路

費銀壹拾陸兩伍錢叁分叁厘玖毫捌絲伍忽

微陸塵柒渺叁漠柒埃柒纖捌沙

順治九年四月會議裁扣銀叁百叁拾貳兩

順治十二年會議裁扣銀貳拾伍兩

膳夫銀肆拾兩 新裁

運丁月糧叁分撥還軍儲充餉銀貳千壹百陸拾

肆兩陸分貳厘陸毫柒絲伍忽陸微肆塵伍渺陸

漠壹埃伍纖

本縣田地山蕩人丁共額徵米壹萬壹千叁百伍

拾捌石捌斗陸升捌合伍勺玖抄伍撮玖圭內運

丁月糧米叁千伍百捌拾陸石玖斗陸升伍勺

存留米柒千柒百肆拾石伍斗叁合肆勺

裁剩解部積餘米叁拾壹石肆斗肆合陸勺玖抄

伍撮玖圭

遇閏加銀柒百玖拾陸兩伍錢柒分陸厘貳毫玖

絲陸忽貳微柒塵叁渺捌漠貳埃玖纖陸沙毎正銀壹兩加銀壹分伍厘肆毫貳絲肆忽捌微叁塵陸渺肆漠

遇閏加米貳百柒拾玖石伍斗捌升肆合毎正米壹石加

米貳升肆合
陸勺貳抄

隨糧帶徵

鹽課

水鄉蕩價銀叁百捌拾柒兩玖錢陸分貳厘柒毫
柒絲陸微貳塵伍渺

曹娥場小金團稅銀壹兩肆錢玖分捌厘

二項每兩滴珠路費壹分柒厘該銀陸兩陸錢貳
分捌毫叁絲叁忽壹微陸漠貳埃伍纖內所有水
鄉蕩價隨糧帶徵小金團稅不入田科俱徵解運

司轉解

以上戸部項下鹽課銀叄百捌拾玖兩肆錢陸分柒毫柒絲陸微貳塵伍渺路費銀陸兩陸錢貳分捌毫叄絲叄忽壹微陸漠貳埃伍纖

額外歲徵

漁課

黃蔴壹千捌百捌拾貳觔壹拾叄兩奉文全折該銀肆拾壹兩肆錢貳分壹釐捌毫柒絲伍忽每兩路費壹錢該銀肆兩壹錢肆分貳釐壹毫捌絲柒忽伍微遇閏加黃蔴壹百伍拾陸觔拾伍兩該銀叄兩肆錢伍分貳釐陸毫貳絲伍忽加路費銀叄錢肆分伍釐

貳毫陸絲
貳忽伍微

絡蔴壹千捌百捌拾貳觔壹拾叁兩奉文全折該銀叁拾叁兩捌錢玖分陸毫貳絲伍忽每兩路費壹錢該銀叁兩叁錢捌分玖厘陸絲貳忽伍微遇閏加絡蔴壹百伍拾陸觔壹拾伍兩該銀貳兩捌錢貳分肆厘捌毫柒絲伍忽加路費銀貳錢捌分貳厘肆毫捌絲柒忽伍微二項俱隨糧帶徵解交工部

以上工部項下漁課銀柒拾伍兩叁錢壹分貳厘伍毫路費銀柒兩伍錢叁分壹厘貳毫伍絲

課程

本縣額徵課鈔壹百陸拾陸錠貳貫陸百文折銀

壹兩陸錢陸分伍厘貳毫有閏加鈔肆拾柒錠叁
貫叁百壹拾玖文折銀肆錢柒分陸厘陸毫叁絲
捌忽俱油榨窯冶茶株等戶辦納解經費欵支銷
三界稅課局額徵課鈔肆千貳百伍錠壹貫貳百
伍拾貳文折銀肆拾貳兩伍分貳厘伍毫肆忽有
閏加鈔壹百捌拾壹錠叁貫陸百肆拾捌文折銀
壹兩捌錢壹分柒厘貳毫玖絲陸忽
傖塘稅課局額徵課鈔柒千貳百捌錠肆貫肆百
伍拾文折銀柒拾貳兩捌分捌厘玖毫有閏加鈔

貳百壹拾伍錠叁貫柒百伍拾文折銀貳兩壹錢
伍分柒厘伍毫
蒿陡稅課局額徵課鈔壹千壹百陸錠貳貫壹百
壹拾柒文折銀壹拾壹兩陸分肆厘貳毫叁絲肆
忽有閏加鈔陸錠壹百壹拾文折銀陸錢貳厘貳
毫
桑盆稅課局額徵課鈔叁千壹百叁拾貳錠貳貫
肆拾文折銀叁拾壹兩叁錢貳分肆厘捌絲有閏
加鈔壹百貳拾錠柒百壹文折銀壹兩貳錢壹厘

肆毫貳忽以上四稅課局銀俱均徭內辦撥充兵餉

本縣河泊所額徵課鈔壹千叁百叁拾伍錠壹貫伍百伍拾文折銀壹拾叁兩叁錢伍分叁厘壹毫有閏加鈔捌拾捌錠叁貫伍百玖拾文折銀捌錢捌分柒厘壹毫捌絲內隨糧帶徵無閏漁蕩銀陸兩陸錢叁厘壹毫餘銀陸兩柒錢伍分船戶烏戶出辦閏銀船戶出辦俱歸經費款支銷

桑盆河泊所額徵課鈔壹千壹百玖拾陸錠貳貫捌百伍拾柒文折銀壹拾壹兩玖錢陸分伍厘柒毫壹絲肆忽有閏加鈔叁百叁錠叁百肆拾叁文

折銀叁兩叁分陸毫捌絲陸忽均徭內編撥充兵餉

條禁

嚴革廳兜

布政司爲遵

旨泣陳坊役奇苦懇天嚴革濫役永禁橫派以甦民困事據士民張七發等連名呈控山會兩縣設有廳夫一項爲數多寡不同甚至一衙門有數拾名者共計貳百肆拾名每名派工食銀叁兩陸錢加閏壹年總計銀玖百叁拾餘兩官府封印之後衙蠹光棍百十成羣白晝則擒人鎖熨黑夜則破戶打索頃刻之間每坊索銀貳拾餘兩必得借貸典質以應典質不及直借營債以應彼無事之閒夫預支來歲之工食困苦之坊役便起十年之利息更可奇者山會二縣驛站自順治十五年間竟派坊里承應始不過誘貼費及至年增一年兵房惡蠹串通各營飛票如雨勒令折乾每坊折銀叁肆

拾兩一年通計壹千貳百餘兩驛站大事竟令坊
長承值哀籲　憲天批勅　廉藩通行兩縣革除
等情奉　總督趙批　紹興一江之隔山會兩縣
有此聽夫驛站派累坊長之若從未見該管道府
縣申聞一字令一縣如此縣縣皆然仰布政司查
究報奉此遵行紹興府提解去後據紹興府申稱
據山會兩縣覆稱會看得聽夫一項爲庫藏監倉
重地併各憲衙門守宿巡更而設肇自明世嘉靖
年間每歲終坊長自行給發非近時創立也查驛
站全書內各有馬二十二匹明季方馬倡亂坊馬
盡皆搶失遂照里出夫坊出馬之制支領額設馬
料銀兩以竹兜代之令公請紳衿傳集坊長夫役
公共確議咸稱聽夫在府縣原有庫藏監倉之重
寄亦有可裁可汰者酌定去留省事省累至于竹
兜代馬既有額設銀兩可以動支又有憲頒循環
可以稽察但差遣難計錢糧有限俟再從長計議
務使公私兩利等因到府據此本府知府夏霖看
得聽夫即更夫也起自明嘉靖年間我

清定鼎以來相沿無改今山會兩縣坊民張七發等
一控　憲臺蒙批本府一控　督憲批發藩司行
府轉發山會兩縣查議去後據縣詳稱將更夫酌
量裁減前來本府會同酌議除察院司并提督衙
門更夫照舊存留外今將道府廳更夫酌量裁減
量留數名看守衙宇庫藏造冊現在伏候裁奪其
驛站一項動支額銀荅應似與坊長無涉無容查
議等因奉　撫院蔣　批布政司覆查議報冊并
發奉此該本司看得紹興廳夫一案據士民張七
發等呈稱紹興府山會兩縣設有廳夫係在經制
之外計二百四十名每名派工食叁兩陸錢且有
加閏每坊索銀二十餘兩一年通計銀玖百叁拾
餘兩又山會二縣驛站自順治十五年間索取坊
長貼費年增一年每坊出銀叁肆拾兩一年通計
壹千貳百餘兩驛站大事竟令坊長承值等情奉
憲批司查究遵即轉行紹興府提解去後催據紹
興府申稱廳夫一項爲庫藏監倉并各衙門守宿
巡更而設肇自嘉靖年間其驛站事務有額設可

以勤支循環可以稽察其廳夫原派二百二十五名今裁去一百二十九名仍存九十六名造册申覆前來本司查閱該府詳册蓋不禁惻心駭目而驚嘆不已也自順治四年奉有
欽頒經費錄順治十四年奉有
欽定賦役全書凡徵一文役一人悉在賦役全書之內蓋自古帝王取民有制有地則有賦有丁則有役如漕白二糧金花正賦顏料蠟茶絲綿京絹油鐵之類皆賦也如書門皂快驛站夫馬之類皆役也自地丁賦役統爲一條鞭徵收舉凡徵民之財用民之力彙入全書科入由單在全書由單之內者則爲經制在全書由單之外者即是贓私直省官民莫敢或違也恭繹　部文內開經費既定官府無捉襟露肘之虞衙役有代耕餬口之資小民免濫徵橫斂之苦此外毫有私增即計贓論罪
功令煌煌炳如日星豈紹郡守令獨不聞焉敢將驛站廳夫名色每年私派至貳千壹百叁拾餘兩此大可異也據府詳稱爲庫藏監倉各衙門守宿巡

吏而設但本司莽繹經費錄與賦役全書內開府有庫書壹名倉書壹名庫子肆名斗級陸名禁卒壹拾貳名縣有庫書壹名倉書壹名庫子肆名斗給肆名禁卒捌名則是庫藏監倉未嘗乏人何得另派民夫也其各衙門守宿巡更查府有馬快拾名步快拾陸名皂隸拾陸名縣有馬快捌名皂隸拾陸名民壯伍拾名凡馬快步快民壯豈專勾攝人犯皂隸豈專喝道刑人凡衙門公務奔走服役自應在官人役爲之而守宿巡更其首務也何得另派民夫也再查該府册開廳夫裁留數目除提督府吏夫拾名茶夫貳名打掃壹名并給協吏夫貳名今文武分途本司不議外據府册開察院司吏夫伍名茶夫貳名愍孝祠夫壹名查賦役全書給與額編看守察院公署布按貳司府舘門子貳拾叁名役銀柒拾柒兩陸錢又看守祠廟亭舘門子伍名役銀壹拾柒兩壹錢則是看守衙署祠廟未嘗乏人何得另派民夫也又據府册開舖夫陸名總舖夫伍名縣舖夫伍名查全書額編給與

衙僻共玖拾貳舖共司兵叁百陸拾名役銀貳千柒百玖拾柒兩捌錢則是舖遞公文未嘗乏人何得另派民夫也以上俱有經制人役額編工食不當另派坊里再據府册開守道司吏夫肆拾貳名茶夫貳名打掃夫貳名紹興大觀堂夫伍名鎮越堂夫伍名堂上夫伍名儀門夫伍名頭門夫貳名西墻夫伍名東墻夫伍名山會二縣頭門堂上衙後光化亭共夫叁拾伍名同知通判推官各堂上役後東園中園西園名色莫不派夫叁伍名并府首領縣佐貳儒學莫不私役民夫此皆私派厲民不法已甚合照因公科歛捌拾以上應得眞絞至于驛遞錢糧查山陰縣額編貳千貳百肆拾兩玖錢玖分分貳厘會稽縣額編叁千肆百陸兩玖錢肆分陸厘以上答應勘合火牌并憲牌充然有餘如有横索夫馬者自有 憲須循環號簿可以稽核不知該府縣將驛站錢糧作何支銷而派坊里貼費且累坊里承值此大不可解也更可異者奉憲嚴批驗查之後該府縣尚議畱用夫玖拾陸名

當此
聖主當陽百度維新之日申飭私派不啻霜嚴該府
縣非但不知
朝廷之功令爲何事并不知己之頭顱爲何物矣且
將
欽頒之經費錄
欽定之賦役全書該府縣抗不遵守而反遵明季私
貼之例此豈爲臣子者之所敢言也此案合行揭
叅但在康熙六年七月初七日
恩赦以前伏祈　憲臺嚴加批勅嗣後如有私派坊
里一夫者里民告發即以私派從重
題叅聽候　部議可也再查此案該府申詳業已承
認其張七發等所呈是實不必再審伏候　憲臺
批示即候　憲臺給發告示令該府縣刊刻木榜
竪立通衢永爲遵守至于　憲批一縣如此縣縣
皆然但未據有告發難以懸擬伏祈　憲臺批示
通行嚴飭取通省各府縣有無私派結狀呈送查
考可也等因于康熙六年十月十六日呈詳奉

總督趙批凡經制之外多設一人則爲白役賦役之外多徵一分則爲私派據詳山會兩縣因循錮弊設廳夫則加派工食冒驛站而擾累坊夫大干

功令雖事在

赦前法應

題參但歷年廳夫額設各役工食與驛站錢糧是何官役侵欺仰司再一嚴審另詳揭報以憑

題參繳奉此又奉撫院蔣批驛站夫馬是有額編

欽項俱皆官僱官養承應差使各衙門人役俱照

欽頒經費錄留用乃山會二縣于驛遞則派坊長貼費承值于各衙門守宿巡更夫役則派工食至貳千餘兩殊干

功令念在

赦前姑免

題參追究如詳給發告示永行禁革并承值提協衙門夫役一併革去仍令刊刻木榜竪立通衢如再有前弊即以私派揭報

題參并通飭各府縣有無此等私派取結呈送查考

仍候　部院批示行繳奉此除嚴行紹興府查照官役侵欺另詳外合行嚴禁爲此示仰官吏士民人等查照本司詳奉　憲批事理嗣後凡衙門人役自有
欽定賦役全書刊載經制不得于全書由單之外多徵一文多役一人經臨過往自有驛站錢糧動支答應不得另派民夫承值如有府縣官吏故違
功令私派坊里情弊該坊里即據實控告　督　撫
部院衙門以憑從重
題參須至示者

申嚴包役

巡撫都察院范　爲申嚴落甲自運銀米以杜包歇侵那以除里遞賠累事照得額賦派徵田地絲毫均係錢糧凡有田產人戸名下條銀糧米完之于官者自當依期完納輸之里遞者亦宜及時輸將應在巳無催科之擾于人鮮候比之累乃聞浙省杭嘉等府條銀糧米設有見年糧長名色催納

銀米赴縣比較有等奸豪里遞以見年糧長比較完欠與巳痛癢無關有暮四朝三經年不納者有邑銀小戥準斛糯穀硬勒收納者有數年錢糧延挨拖欠竟不完納者有串通蠹歇或揑賠虧或稱故絕縱令代賠者以致守分良民棄田賣屋鬻子售妻飲泣吞聲不敢告訐今届值大造之期正里役新編之際務袪積弊以蘇民生姑赦舊奸一款新令槩將見年糧長名色盡行勒除其各甲田地人户悉照自巳名下應徵銀米依限完納縣官催徵銀米俱照赤曆人户田糧刊給易知長单每遇開徵伊始即發一单與各里户照限自賫赴比如有預期完櫃上倉者即于簿上註明給票歸農不得重勒比較倘奸頑人户抗不完納即用飛单摘追着令甲總及下名每年照分挨次輪傳欠户照欠完納槩禁差人滋擾如係一人十分即自催自完不必更催他甲甚爲小民簡便但恐奸頑里户蠹惡歇家仍與往年拖欠代賠故轍合行給示通飭曉諭爲此示仰該縣官吏糧里士民人等知悉

嗣後凡有各甲人戸田地應徵銀米各照赤曆刊給簡明長单各戸着令依限完納赴比如有頑里戸及鄉紳劣矜仍然抗違不行遵法完納冀復累他人者該縣官卽行飛章摘追倫再頑補抗延一面嚴提究比一面具文申報以憑照抗糧例從重究處如長单內有多開升合釐毫者里戸卽賚单赴告官役立刻叅拿均不姑貸各宜愼之毋自貽戚特示

康熙拾年玖月　　日給

少京兆尹姜希轍書禁革私派詳議後曰昔曹參代蕭何爲漢相國舉事無所變更一遵蕭何約束而百姓歌之曰蕭何爲法顜若畫一曹參代之守而勿失蓋從來作法之人非得後之人守而勿失則其法且不行卽行之亦不可久明天順間朱御史所行兩役法未嘗不欲便民也而法久蠹生其爲害也不可底止蓋非法之不善由奉行者之不得其人也龐御史救民水火剏立爲一條鞭眞萬

世之良法也當奉行之始吏有所不得逞乃譁言不便非張文恭移書當道陳利害甚悉法幾中變矣子產衆母受謗輿人雖百麗公亦奚益哉迨至明季舊制漸湮加派夫驛站較前之額辦坐辦吏加百倍如値月之幕次竹兜豬羊酒蔬滿饌募夫較前之雜辦攝辦吏苦萬分一當値月綴則籤票追呼急則鎖吊偪勒康熙六年貢生張翼辰身受荼毒乃以坊役奇苦呈鳴督撫兩院蒙 趙督臺
蔣部院 袁方伯軫念民瘼釐剔奸敝細查
欽頒經費錄與賦役全書自官府隸役以至驛站縴夫俸薪工食燭炭紙張無不有額定經制兩院藩司盧公核算嚴批立石凡經制之外多設一人即爲白役賦役之外多徵一分即爲私派申飭通省仍照麗公舊例一應丁土錢糧編入條鞭之內者坊里已有額設如有横征苛歛溢出條鞭之外者官吏犯此即是贓私
功令煌煌炳如星月柰天不憖遺一老 趙督臺[illegible]
池廟祀已爲全浙福神 蔣部院竹馬兒童不[illegible]

弁州再任良法美意又將視若弁髦矣萬民有幸
恭逢　哀方伯刻入浙藩詳議持之愈堅　范撫
院洞晰里遞凋殘禁之愈厲　張明府仰承上臺
德意奉之愈謹庶幾入邑窮黎尚可存活故益信
蕭鄭侯畫一之法必得居心清淨如曹相國者方
能守而勿失也況翼辰爲張文恭諸孫克纘先烈
矢志澄清使通郡之人知一條鞭之初行而不至
於鑿枘與一條鞭之中廢而不至於凌夔皆張氏
之力也且翼辰家近麗御史祠少常讀書其中盻
蠁不遂其爲御史之所式憑乎不然何其侃侃以
復條鞭爲一人任也

會稽縣志卷之十一　終

會稽縣志卷第十二

水利志

塘　堰　橋　門　壩　閘　湖　㻅　池

夫會稽上承諸流而下迫海其賦入之多寡恒視諸蓄泄之時否故畝者胃也上流者咽喉也海者尾閭也咽喉治尾閭節則胃和而精布否則否夫咽喉尾閭胃之所由以養者也余故志水利于徭賦之後俾司牧者知所重焉　徐渭

塘

官塘自五雲門外東至曹娥延亘九十二里即故鏡湖塘也東漢永和五年太守馬臻所築以蓄水水高于田田高于海各丈餘旱則泄湖之水以溉田潦則泄田之水以入海沿塘置斗門堰閘以時啓閉

海塘在縣東北四十里隨海塘也東自曹娥上虞界西抵宋家漊山陰界延亘百餘里以蓄水溉田隆興中給事中吳芾重加浚疊（李益謙撰記云）府城北水行四十里有塘曰防海塘自李浚之皇甫政李左次躬修之莫原所始至今有塘如故明弘治間易以石費鉅萬正德七年七月風潮壞之復易以土嘉靖十二年居民復有以石請者知縣王教議曰塘臨大海下皆浮沙每遇風潮水齧沙汐崩石豈能自住每一修築則石費每倍于土用[illegible]不支爲今之計莫如計算丁田仍築土塘但令高

潤堅緻遍植榆栁茭蘆以護之專設圩長看守
令水利官時往省視即有墹潰隨缺隨補如此則
財無妄費而事
可以永遵矣
王佗塘　蘇家塘　慈家塘　山塘　鄭家塘
廟基塘　長塘　紡車塘　毛家塘　嚴家塘
阮家塘　下菴塘　莫家塘　後陳塘　裏塘
灘塘　淸水塘　太墓塘　韓家塘　坳嶺塘
吳家塘　管家塘　剩菱塘　西墺塘　曲尺塘
大貧塘　新塘　廟下裏塘　蘇家塢塘　獅
山塘　廟下大塘小塘　汪家塘　演塘　山塘

旱塘　大塘　牛石塘　茅塘　東屋塘　秀

才灣口塘　高桃山頭塘　廟下塘　門口塘

太平溝溜　以上俱在二十一都源出日鑄諸山流爲大舜溪出華家渡注于小舜江

婁塡塘　達郭塘　俱在二十二都源出靜林諸山流爲達郭溪橫溪白木溪出湯浦會廣陵溪斤竹澗注于小舜江

韓家塘　李家塘　許家塘　神道路塘　俱在三十都源出秦望陶宴諸山流爲若耶溪

後海塘　去縣東北八十里　周延德鄉纂風鎮凡三千七百一十一丈用以捍禦風濤一鄉之田廬藉此得免于漂溺緣舊爲發概縣丁夫修築近年以來止令本鄉居民照下

涵修以抵
一應差徭

堰

東郭堰在縣東南三里東門內

都泗堰在縣東二里都泗門內龍華寺側遺址尚存二堰
舊在城外元至正十二年增築坊郭
一鄉入城內亦水道所經姑存舊志

梅龍堰在鶯橋東一里許因禹廟梅梁故名南自刻石諸山透迤東北出
入于巖萬壑中而流者曰平水溪北會西湖孔湖
鑄浦寒溪上竈溪諸水經若耶溪樵風涇而分爲
雙溪西會禹池通鴨塞港抵城隍
而入于官河遂由梅龍堰而北注

石堰在縣東三里少微山東舊有閘今廢自雙溪東會浪港經大湖頭

划船港而入官河遂由此堰而北注

董家堰在石堰東四里

皐部堰在董家堰東六里自源出寶山曰御河北流會鰻池西折過洞浦入于官河爲獨樹洋遂由董家皐部二堰而北注

樊江堰在皐部堰東六里

政平堰在樊江堰東三里

茅洋堰在政平堰東五里

陶家西堰在茅洋東六里

瓜山堰在陶家堰東五里舊有閘今廢自源出[illegible]葛山曰淸塘等溪[illegible]

盧家蕩南接富盛溪北流入官河爲茅洋爲白塔洋遂由樊江政平茅洋陶家東西瓜山六堰而北注

夏家堰在瓜山堰東五里

黄家堰在夏家堰東五里

彭家堰在黄家堰東二里自源出鳳凰諸山曰倫塘溪會謝憩康家泉湖西街等湖出涇口入于河遂由夏家黄家彭家三堰而北注

白米堰東去彭家堰一十三里

新埭堰在縣東七十里

杜浦堰在縣東北五十五里

苦里堰在縣東北五十里

嚴浦堰在縣東北三十一里

蟶浦堰在縣東北三十里以上五堰皆水道所趨以入海故築埭以壅之堰者壅之者也

橋

弔橋在縣東三里五雲門外

閘橋凡四門在三十二都會千巖萬壑之水以注鏡湖其趨下之勢奔騰澎湃而橋無傾圯

門

蒿口斗門南出白米堰五里舊自官河東流經白米堰南折注蒿[illegible][illegible]

入于江今斗門廢而爲堰水遂却行北流入官河

玉山斗門在府城北三十里唐浙東觀察使皇甫政鑿曾南豐所謂朱儲斗門是也門凡八其三門隸會稽明王守仁詩胼胝深感昔人勞百尺洪梁壓巨鰲潮應三江天塹逼山分兩岸海門高濺空飛雪和天白激石衝雷動地號聖代不憂陵谷變坤維千古護江皋

壩

曹娥壩東去白米堰七里卽曹娥江舊有閘又有斗門宋曾公亮宰邑時所置曾南豐鑑湖序云湖有斗門六曹娥其一也舊時本縣之水東流入江今斗門廢而爲壩水遂却行入官河同諸堰北注之水達諸鄉滙玉山放應宿閘而朝宗于海

閘

三江應宿閘在府城北三十八里三江所城西門外

嘉靖十六年知府湯紹恩建凡二十八洞築堤百餘丈

陶諧記

紹興屬邑八惟山陰會稽蕭山土田最下苦于潦守此者嘗設玉山匾拖兩閘以泄之潦甚則暫決海塘以疏之然兩閘口狹甚水至此則却行泛浸數百里決海塘則激湍猛悍並大爲田患嘉靖丙申西蜀湯公紹恩來守郡憫之求所以制水者乃走海口曰三江者相度之得海口山首尾相延數十丈間有石横亘如甬公乃驩歸謀于僚屬郎白于御史周公汝員既得可乃檡幹民百餘人以長之役丁夫數千人輂巨石與山甬石相牝牡以檻錮以秫粥灰土縱横梁駕之中槽以複板爲洞二十有八其長望首尾之山石刻水則以準其北椄以土堤數十丈始苦淖莫測先以鐵繼用箘簵發北山石投之左右亦用石其長四百丈廣四十丈有奇閘始于丙申七月六易朔而成其費銀凡六千兩有奇賦于三邑之畝丁夫

科于編民率更番以役塘始于丁酉三月五易朔而成其費銀數視閘役丁亦然又以其羨置小閘於其要處者五于是水不復却行塘亦不復再决且築若向者諸患而潮汐爲閘與土塘所遏不得上漸得田萬餘畝堤之外有山翼之淤爲壤亦漸可得田數百頃其沮洳可蒲可葦其瀉鹵可鹽其澤可漁其疆可桑其途可通商旅是舉也既有塘以爲之蓄而又有閘以爲之泄則澇不慮乎溢而旱不慮乎涸矣故今之議者曰前乎漢而無海塘則鏡湖不可不築後乎宋而有海塘則鏡湖可以不復也若夫縣之東南田附山麓地勢高峻然各有泉可給是以或引之而爲溝或障之而爲碑或浸之而爲湖或瀦之而爲塘因其勢以利導之而已○崇禎間塘將壞太史余煌請諸當道各官捐俸士民助資修補塘復完民至今賴之余煌記自湯公篤齋建三江閘而山會蕭三邑無水旱憂殆百年矣然以一重門限外禦連山噴海之潮內瀉砅崖轉石之水其砥不能無嚙而址不能無圯勢

也戊辰海溢漂没田廬而塘適當厥衝尾閭洩之
歲每苦旱田穀不登利之源反爲害之藪矣會嵯
使留孺張公按越問疾苦而守道林公首陳閘弊
宜增修張公乃親詣三江感嘆湯功灑滌祠下悉
索羡贏風諭捐助議遂定先是按院寧齋蕭公鋭
意斯舉聞定議亦悉索羡贏檄下郡邑于是山會
蕭之邑侯俱以俸入先之冬孟中旬始用祭告有
事于三江庀材鳩工先築巨堰以障洪流繼築小
堤以決瀦水唯尾箕逶迤而西諸洞最深旋洄旋
瀦僉欲苟且報完林公戴星駕潮舫犒勸役夫晝
夜併作又濬泥沙丈餘直窮根底錮以灰鐵閘下
檻上梁犬牙相錯環互鈎連歲久漂流十存其一
茲則更其朽泐補其殘闕前人未及修者倍加固
焉至于塘閘交會所尤要害昔壘石已魚爛乃悉
撤之甃以巨石使水不得内攻而塘尤閘之鎖鑰
舊制廣四十丈有奇樹桑楊使根株盤結以禦水
衝豪右侵漁者稍恢復令相依爲固如是而塘王
庶乎全紀其時纔兩易朔役初興潮甚壯人頗危

懼則吏禱于海若及湯公潮稍稍殺久不雨燠如
春益悅以勸自興工迄竣事無怨咨者予觀陶莊
敏之記湯公曰耕桑論而身任之張文恭之記蕭
公曰時有以不急議公者然則當時民情之難諭
如此豈昔之民皆怨讟今之民皆思愛哉請以近
事徵之昨壬申夏不雨井枯河稿涓滴餘流直走
巨壑土人具畚鍤悉力塞之而石罅注射勢若攢
矛朝堙而夕潰矣水源寖竭田疇漸微然猶可諉
者曰旱今癸酉水潦時降占宜得豐而潰决莫支
桔槔滋困農家皇皇于水利甚矣然則今日之舉
功驗較著昔爲修禿治瘍而今爲解懸拯溺有煩
無怨固其所已夫任天下之德者恒不避怨況乎
其無怨也雖然余少時同諸大夫謀舉是役遲之
十年者何葢長吏不欲受勞民傷財名且潮汐滛
溢懼中廢爲人口實是用袖手旁觀其勢不至大
決裂不止也今斷而行之一勞永利則諸大夫軫
切民瘼之力豈其微哉其經
營供億詳載別簡以詒來者

湖

李家湖　小官湖　大官湖　丁家湖俱在二十一都源出日鑄諸山流爲大舜溪出華家渡注于小舜江

淳湖　黃豆湖　湯湖俱在二十二都源出靜林諸山流爲達郭溪横溪白木溪出湯浦會廣陵溪斤竹澗注于小舜江

長湖　捨湖　珠湖　嬉湖　招福湖　石浦湖

丁家湖　鵓鴿湖俱在二十三都源出石瀧謝憩諸山流于湯浦石浦而注于小舜江

舒屈湖　瀝上湖　瀝下湖　白蕩湖　洗馬[illegible]

源出駐驛天茺蒲萄嶺諸山流爲汪家巖溪注于小舜江 白馬湖 車家湖 姚家湖 范洋湖 杜家湖 離家湖 沈家湖 俱在二十四都源出龍塘諸山流于范洋浦出蔣家山會于剡江

橋亭湖在三十都源出秦望陶宴諸山流爲若耶溪

西寶賈家湖在三十一都源出天柱赤堇諸山流爲細橋河孫塓溪會鑄浦入若耶溪

碶

樹潭碶 保碶 俱在二十一都源出日鑄諸山流爲大舜溪出華家渡注于小舜江

烏口碶 長碶 黄檀碶 范家碶 大碶 俱在二十七都源出王顧諸山經南灣口會大丘頭而注于小舜江

上馮碶　花巖碶　袁村碶　官佩碶　黄鶯碶

王昂碶　青衣潭碶源出分水嶺南諸水經饅頭石至南嶼口會大丘頭而注于小舜江　楊村碶　安家嶺碶　葉村碶　花檀碶

清水碶俱在二十八都源出分水嶺北諸山流爲杳郭溪出石牌頭會于若耶溪

遂安碶　清水碶　石碴碶俱在二十九都源出石刻上眉中眉下眉諸山流爲洪溪達洪曹衙諸溪出鹿里會于若耶溪

葉家礋碶　仙公石碶　長潭碶　若耶溪碶

木橋碶　泉井潭碶　長灘碶俱在三十都源出秦望陶宴諸山流爲若耶溪

池

蔣家池在三十都源出秦望陶宴諸山流爲若耶溪

昌園白鶴池源出宛委諸山注于若耶溪自縣五雲鄉二十五里北入鏡湖

司前坂池　橫河坂池　二保坂池　園前坂池

塔下坂池　水倉坂池　官庄坂池　祠堂坂池　南官庄池　張家埠池　西河坂池俱在三十三都之地在上虞縣夏蓋湖之下流勢頗高阜不能承湖流之灌惟取給于各坂之池

水利考

馬堯相所述云會稽水源自西南而流入東北在昔與海潮相通湃瀉不節民受其病自漢馬臻築鏡湖以受諸山之水沿隄置斗門堰閘以時啓閉水少則洩湖之水以灌田水多則

閉湖洩田之水以入于海九萬畝腴咸沐其利厥後增築海塘開玉山陡門而湖之隄漸廢宋時雖有復湖之議而今則有不必然者矣何則會稽支分派別之水其源數十其橫而受水者則曰運河焉自鵝鼻山透迤東北出入千巖萬壑中而流者曰平水北會西湖謝湖周湖孔湖鑄浦上竈諸水經若耶樵風涇而分爲雙溪西會禹池通鴨塞港抵城隍而入于官河遂由弔橋梅龍堰而東會涙港經大湖頭划船港而入于官河遂由石堰而下〔前梅龍堰下註本此〕又源出寶山者曰御溪北流會鰻池西折通洞浦入官河而爲獨樹洋遂由董家阜部二堰而下〔前阜部堰下註本此〕又源出諸葛山曰青塘等溪西入盧家蕩南接宮盛溪北流入官河爲茅洋爲白塔洋遂由樊江茅洋政平陶家瓜山五堰而下〔前瓜山堰下註本此〕又源出白木崗曰傖塘溪會謝憩康家泉湖西澍等湖出于涇入于河遂由夏家黃家彭家三堰而下〔前彭家堰下註本此〕再東爲東關河由白米堰東流爲曹

娥南折爲蒿壢（前曹娥壩下註本此）俱舊有陡亹遺址尚存也凡諸河道縱横一皆鏡湖遺跡而諸堰下注玉山斗門以入于海用是觀之田之沿山者受浸于泉源而其濱海者取給于支流既獲其租又免其患兩利而兼收者實賴後海塘以爲之蓄洩也是以前乎漢而無海塘則鏡湖不可不築後乎宋而無鏡湖則海塘不可不修然又有可慮者蓋浦陽暨陽諸湖之水俱入暨陽江西北折而入浙江其勢回環不能直鋭遂踰漁浦流注錢清江北出白馬等閘以入于海迄今閘久淤塞水道不通一有泛溢則不東注而以會稽爲壑雖有玉山斗門不足以洩横流之勢每于蒿口曹娥賀盤黄艸壢直落施等處開掘塘缺雖得少舒一時之急而卽欲修補以備瀦蓄則又難爲工矣是以恒有旱乾之虞爲今之計莫若浚諸河渠而使之深則可儲蓄而不患于旱近守南大吉之法可遵也又增修堰閘而使之多則可散洩水勢而不患于潦舊令曾公亮之跡可復也又修築海塘而使之

完且高則可捍禦風潮而不患于泛溢近歲知縣王教土塘榆柳之議不可易也三事既舉黎民尚亦有利哉若夫縣之東北有湖曰賀家周圍數鄉雖曰魚鱉菱蘆其利頗博但地勢最下非若昔之鏡湖水高于田則令固不能使此湖之水倒行而逆流也又有縣之東南沿舜溪兩岸而田雖地勢高峻然各有泉可蓄若曰珠曰拾曰湯曰長曰嬉曰石浦曰舒屈曰招福曰丁家曰鵓鴿曰瀝上曰瀝下曰白蕩曰洗馬等湖惟各因其勢而利導之則其田皆可穫矣此皆在所必講者也○金階所述云按諸鄉之田一都至二十都三十一都三十二都凡二十二都其地卑其土泥淖其水鍾聚不患其不蓄而患其所以洩之者有弗時也山鄉之田二十一都至三十都凡八都其地高其土砂礫其水涌不患其不泄而患其所以蓄之者有弗豫也山鄉東南又有范洋之湖二十四都爲衆山之壑淫雨浹旬洪水泛溢所謂內漲也內漲不洩遂成積患故漲于內者求所以泄之而已諸鄉東北

□亦颶風之鎮三十三都爲大海之濱颶風時作巨濤嚙汰所謂外漲也外漲不防遂成坍江故漲于外者求所以防之而已一縣之水其利害大略如此今之志水利者不究其源而徒泥其迹於利害所在漫不加省抑惑矣湖河道縱橫錯雜其名瑣屑又不能具載今姑求其源遡其流以志其水道所經俾牧茲土者得考其利害而爲之興革也云爾

會稽鑑湖圖序

鑑湖一曰南湖南並山北屬州城漕渠東西江漢順帝永和五年會稽太守馬臻之所爲也至今九百七十有五年矣其周三百五十有八里凡水之出于東南者皆委之州之東自城至于東江其北隄石礎二陰溝十有九通民田田之南屬漕渠北東西屬江者皆漑之州之東六十里自東城至于東江其南隄陰溝十有四通民田田之北抵漕渠南並山西並隄東屬江者皆漑之州之西三十里曰柯山斗門通民田田之東並城南並隄北濱漕渠西屬江者皆漑

之總之溉山陰會稽兩縣十四鄉之田凡千頃非湖能溉田九千頃而已蓋田之至江者盡于九千頃也其東曰曹娥斗門曰蒿口斗門水之循南隄而東者由之以入于東江其西曰廣陵斗門曰新逕斗門水之循北隄而西者由之以入于西江其北曰朱儲斗門去湖最遠蓋因三江之上兩山之間疏爲二門而以時視田中之水小溢則縱其一大溢則盡縱之使入于三江之口所謂湖高于田丈餘田又高海丈餘水少則泄湖溉田水多則泄田中水入海無荒廢之田水旱之歲者此也繇漢以來幾千載其利未嘗廢也宋興民始有盜湖爲田者祥符之間七戶慶曆之間二戶爲田四頃當是時三司轉運司猶下書切責州縣使復田爲湖然自此益慢法而奸民浸起至于治平之間盜湖爲田者凡八千餘戶爲田七百餘頃而湖廢幾盡矣其僅存者東爲漕渠自州至于東城六十里南通若耶溪自樵風涇至于桐塢十里皆水廣不能十餘丈每歲少雨田未病而湖蓋已先涸矣自此

以來人爭爲計說蔣堂則謂宜有罰以禁侵耕有賞以開告者杜杞則謂盜湖爲田者利在縱湖水一雨則放聲以動州縣而斗門輙發故爲之立石則水一在五雲橋水深八尺有五寸會稽主之一在跨湖橋水深四尺有五寸山陰主之而斗門之鑰使皆納于州水溢則遣官視則而謹其閉縱又以謂宜益理防隄斗門其敢田者拔其苗責其力以復其湖而重其罰猶以爲未也又以謂宜加兩縣之長以提舉之名課其督察而爲之殿最吳奎則謂每歲農隙當僦人濬湖積其泥塗以爲丘阜使縣主其役而州與轉運使提點刑獄督攝賞罰之張次山則謂湖廢僅有存者難卒復宜益廣濬路及他便利處使可漕及注民田里置石柱以識柱之內禁敢田者刁約則謂宜斥湖三之一與民爲田而益隄使高一丈則湖可不開而其利自復范師道施元長則謂重侵耕之禁猶不能使民無犯而斥湖與民則侵者孰禦又以湖水較之高于城中之水或三尺有六寸或二尺有六寸而益隄

壅水使高則水之敗城郭廬舍可必也張伯玉則謂曰役五千人濬湖使至五尺當十五歲畢至三尺當九歲畢然恐工起之日浮議外揺役夫內潰則雖有智者猶不能必其成若日役五千人益隄使高八尺當一歲畢其竹木之費凡九十二萬有三千計越之戶二十萬有六千賦之而復其租其勢易定如此則利可坐收而人不煩弊陳宗言趙誠復以水勢高下難之又以謂宜修吳奎之議以歲月復湖當是時都水善其言又以謂宜增賞罰之命其爲說如此可謂博矣朝廷未嘗不聽用而著之于法故罰有自錢三百至于千又至于五萬刑有自杖者至徒二年其文可謂密矣然而田者不止而日愈多湖不加濬而日愈廢其故何哉法令不行而苟且之俗勝也昔謝靈運從宋文帝求會稽回踵湖爲田太守孟顗不聽又求休崲湖爲田顗又不聽靈運至以語詆之則利于請湖爲田越之風俗舊矣然南湖繇漢歷吳晉以來接于唐又接于錢鏐父子之有此州其利未嘗廢者彼或

以區區之地當天下或以數州爲鎮或以一國自
王内有供養祿廩之須外有貢輸問遺之奉非得
晏然而已也故强水土之政以力本利農亦皆有
數而錢鏐之法最詳至今尚多傳于人者則其利
之不廢有以也近世則不然天下爲一而安于承
平之故在位者重舉事而樂因循而請諸湖爲田
者其語言氣力往往足以動人至于修水土之利
則又費財動衆從古所難故鄭國之役以爲足以
疲秦而西門豹之治鄴人亦以爲煩苦其故如此
則吾之吏孰肯任難當之怨來易至之責以待未
然之功乎故說雖博而未嘗行法雖密而未嘗舉
田之所以日多湖之所以日廢率繇是而已故以
爲法令不行而苟且之俗勝者豈非然哉夫于歲
之湖廢興利害較然易見然自慶曆以來三十餘
年遭吏治之因循至于既廢而世猶莫寤其所以
然况于事之隱微難得而考者由苟簡之故而弛
壞于冥冥之中又可知其所以然乎今謂湖不必
復者曰湖田之入既饒矣此游說之士爲利于侵

耕者言之也夫湖未盡廢則湖下之田旱此方今之害而衆人之所覩也使湖盡廢則湖之爲田亦旱矣此將來之害而衆人之所未覩也故曰此游說之士爲利于侵耕者言之而非實知利害者也謂湖不必濬者曰益隄壅水而已此好辯之士爲樂聞苟簡者言之也夫以地勢較之壅水使高必敗城廓此議者之所已言也以地勢較之濬湖使下然後不失其舊不失其舊然後不失其宜此議者之所未言也又山陰之石則爲四尺有五寸會稽之石則幾于倍之壅水使高則會稽得尺山陰得半地之窪隆不並則益隄未爲有補也故曰此好辯之士爲樂聞苟簡者言之而又非實知利害者也二者既不可用而欲禁侵耕開告者則有賞罰之法矣欲防水之泄則有謹閉縱之法矣欲痛絕敢田者則拔其苗責其力以復湖而重其罰又有法矣或欲任其責于州縣與轉運使提點刑獄或欲以每歲農隙濬湖或欲禁田石柱之内者又皆有法矣欲知濬湖之淺深用工若干爲日幾何

欲知增隄竹木之費幾何使之安出欲知濬湖之泥塗積之何所又已計之矣欲知工起之日浮議外摇役夫内潰則不可以必其成又已論之矣誠能收衆說而考其可否用其可者而以在我者潤澤之令言必行法必舉則何功之不可成何利之不可復哉肇初蒙恩通判此州問湖之廢與于人未有能言利害之實者及到官然後問圖于兩縣問書于州與河渠司至于參覈之而圖成熟究之而書具然後利害之實明故爲論次庶使計議者有考焉

王十朋鑑湖說　東坡先生嘗謂杭之有西湖如人之有目某亦謂越之有鑑湖如人之有腸胃目翳則不可以視腸胃閉則不可以生二湖之在東南皆不可以不治而鑑湖之利害爲尤重昔東漢太守馬臻之開是湖也在會稽山陰二縣界中周圍三百五十餘里溉田九千餘頃湖高田丈餘田又高海丈餘水少則泄湖歸田水多則泄田歸海故會稽山陰無荒廢之田無水旱之

患者以此自漢永和以來更六朝之有江東西晉隋唐之有天下與夫五代錢氏之竊國有而治之莫敢廢也千有餘年之間民受其利博矣久矣至我國朝之興始有盜湖爲田者然其害猶微盜于祥符者纔一十七戶至慶曆間爲田四頃而已當是時三司轉運司猶切責州縣使復田爲湖自是而後官吏因循禁防不謹奸弊日起侵盜愈多至于治平熙寧間盜而田之者凡八千餘戶爲田盖七百餘頃而湖浸廢矣然官亦未常不禁而民亦未敢公然盜之也政和末有小人爲州內交權幸專務爲應奉之計遂建議廢湖爲田而輸其所入于京師自是奸民豪族公侵强據無所忌憚所謂鑑湖者僅存其名而水旱災傷之患無歲無之矣今占湖爲田盖二千三百餘頃歲得租米六萬餘石爲官吏者徒見夫六萬石之利于公家也而不知九千頃之被其害也知九千頃之歲被其害而已而不知廢湖爲田其害不止于九千頃已也盖湖之開有三大利廢湖爲田有三大害山陰會稽

背無水旱之患者鑑湖之利也今則無歲無災傷蓋天之大水旱不常有也至若小水旱何歲無之自廢湖而爲田每歲雨稍多則田以淹沒晴未久而湖已枯竭矣說者以爲水旱之患雖及于九千頃之田而公家實受湖田六萬石之入嗚呼其亦未之思也夫災必訴訴必檢檢必放得湖田之租失常賦之入所得所失相去幾何官失常賦而以湖田補折之猶可也九千頃之民田其所失者不可計其何以補折之耶王者以天下爲家其常賦所入亦廣矣豈利夫六萬石之入而以病民耶況湖田之入在今日雖饒而他日亦將同九千頃而病矣使湖盡廢而爲田則湖之爲田者其可耕乎今之告水旱之病者不獨九千頃之田也雖湖田亦告病也況他日無鑑湖則九千頃之膏腴與六萬石所入之湖田皆化爲黄茅白葦之場矣越人何以爲生耶此其爲大害一也鑑湖三百五十八里之中蓄諸山三十六源之水歲歲無大澇而水不能病越者以湖能受之也今湖廢而爲田三十六

源之水無吞納之地萬一遇積雨浸淫洪流滔天之歲湖不能納水無所歸則必有漂廬舍敗城郭魚民之患嘗聞紹興十有八年越大水五雲門都泗堰亦高一丈城之不壞者幸也假令他日湖廢不止于今而大水甚于往歲則其爲害當如何此廢湖爲田其爲大害二也自越之有鑑湖也歲無水旱而民足于衣食故其俗號爲易治何以知其然也以守令而知之也自東都以來守會稽令山陰者多以循吏稱見于史傳者不可一二舉也非昔之守令皆賢也蓋民居樂歲之中室家溫飽民之爲善也易爾比年以來訟獄繁興人民流亡盜賊多有皆起于無年去秋災傷之訟山陰會稽尤多非昔之民皆善良今之民皆頑鄙也蓋禮義生于飽煖盜賊起于饑寒其勢不得不然耳此廢湖爲田不獨九千頃受其病獄訟之所以興人民之所以流盜賊之所以生皆此之由其爲大害三也自祥符慶曆至今建復湖之議者多矣而湖卒不能復非湖之不可復也蓋異議者有以搖之也異

議得以揺之者蓋亦建議者之未能深究夫利害焉耳建議者曰九千頃雖被水旱之害而常賦不盡失以湖爲田而官又得湖田之利爲多湖雖廢而何害且多爲異説以揺之此建議者之言辛奪于浮議者之口使建議者灼然知夫三大利害之所在以折夫異議者之云云則復田爲湖有不可得而已也

鑑湖説下

夫廢湖爲田有三大害復田爲湖有三大利湖固不可以不復也然亦有三難揺于異議一難也工多費廣二難也郡守數易三難也今之佔湖爲田者皆權勢之家豪强之族侵耕盜種爲日已久一旦欲奪而復之必游談聚議妄陳利害曰勞民也費財也失官租也有科率之擾也無積土之地也爭爲異説以沮害之官吏方墮于因循苟且之習復爲勢力多口舌者之所動移而欲冀成功于歲月之久可乎此揺于異議一難也昔人嘗計濬湖之工矣曰役五千人濬至五

尺當十五歲而畢至三尺當九歲而畢夫用工如此之多歷年如此之久其爲費如何今越不濬湖而財用猶不給況興至大之役有不貲之費耶此工多用廣二難也守令之于郡邑久任則可以立事數易則不能成功況鑑湖之開非一歲一時之所能畢今之爲守者或一歲而遂遷或半歲而遂易湖之利害不暇問焉能知不能知遑暇治其間慨然有志于開復者功未及施而去計已追矣後來者所見不同復變前議以數易之守而欲興造大悠久之役可乎此郡守數易三難也湖有三不可不開而厄于三難開是終無策以開之也其說謂欲遏浮議則不可不自利害于朝廷朝廷主之雖異議紛然但莫之卹可也如向者經界之行于天下固有不樂其事而欲動搖者多矣然經界卒行而民受其利蓋朝廷主之則事無不成況一鑑湖也彼異議者不過曰勞民費財耳夫勞民費財與無用不急之務則不可如鑑湖之利害如此謂之無用不急可乎自湖之廢也歲多災傷細民艱

食令于農事之隙募民濬治官出財民出力兩有所利民雖勞而不憚財雖費而不虛矣彼不過曰官失湖田之租民有科率之擾夫鑑湖之開于有餘歲矣昔無湖田之租有國者不以不足爲病豈今日獨少此耶況湖既復而民利興縱傷不足而常賦不失民無凶荒之訴官無檢放之患較其所得與今孰多至若錢米之費當一出于官而不取于民竹木之具雖資之于民而盡酬其直胥吏都正從而擾民者則嚴法令以治之尚何科率之擾耶越人多謂湖可開也而土無所歸是不難積其泥塗以爲丘阜昔吳長文常論之矣今湖之側曠地固多擇其利便隨其遠近而丘阜之土非所患也欲沮濬湖之計者不過數者之說而皆有以處之尚何浮議之卹也謂曰役五千人濬之五尺十五歲而畢者蓋通三百五十里之間而計之也某謂今之濬湖固未能舉三百五十里之內而盡復之也湖自熙寧以來建議者立兩存之說有牌內牌外之限今牌尚存而牌內亦盜而爲田矣爲今

日計者當先復牌內之湖其用工固有間自牌之外當以漸治之可也所費之財自本府經畫外又當請于朝乞每歲湖田所入之米以爲僱工與役之費朝廷捐六萬石之米不足以爲多而越得此以辦事則沛然有餘矣欲復田爲湖必當遲以歲月之久有久典之役無久任之守以主之則異議一搖而事必中輟是又當請于朝置開湖一司于越命守倅帶提舉主管之職如勸農學事之類又命二知縣分董之舊日會稽山陰知縣皆帶提舉鑑湖事守既職其事則必任其責雖遷易不常而後來者不得不繼非止循同也蓋職使然也又有倅終任以管其事令終任以董其役則責有所歸又命監司督察賞罰之俟湖成之日凡主其事董其役者皆次第加賞如是則湖不患其不復也昔論復湖之利害者多矣莫如曾子固子固之言曰謂湖田不必復者曰湖田之入固饒矣此游談之士爲利于侵耕者言之也使湖盡廢則湖田亦旱矣謂湖不必濬者曰益堤壅水而已此好辯之士

爲樂聞苟簡者言之也以勢較之壅水使高必廣
城郭矣二者既不可用而欲禁侵耕開告者則有
賞罰之法矣欲禁水之蓄泄則有閘縱之法矣欲
痛絕敢田者則拔其苗責其力以復湖而重其罰
又有法矣或欲任其責于州縣與轉運使與提點
刑獄或欲以每歲農隙濬湖或欲禁田石柱之內
者又皆有法矣欲知濬湖之淺深用工幾何爲日
幾何欲知增隄竹木之費幾何使之安出欲知濬
湖之淤泥積之何所又已計之矣欲知工起之日
浮議外搖役夫內潰則不可以必其成又已論之
矣誠能收衆說而考其可否用其可者而以在我
者潤澤之令言必行法必舉則何功之不可成何
利之不可復哉子固昔常倅越知鑑湖之利害爲
詳而其言有足取者故并記其畧有能舉行子固
之言而不棄某之兩說則湖廢乎其可復不然姑
存其說以俟後馬太守再生可也○忭按諸家所論
前乎此而無海塘則鏡湖不可不築後乎宋而有
海塘則鏡湖可以不復也其說已盡況近者三江

之閘共益百倍于海塘惟時其啓閉以常謹水利
之大綱而于外塘之決者務完之內流之壅者務
濬之以時修水利之細目則畝之受利者且不止
十一會稽矣又何鏡湖之追論乎而猶存曾王諸
論者所以備
右胡志齋

會稽縣志卷第十二終

會稽縣志卷第十三

學校志

府學　縣學

聞之非其地而樹之不生也非其人而語之不聽也宜國之學殊於鄉郡邑之學復殊等焉然窮鄙之社叩盆拊瓴相和而歌自以爲樂試爲之擊建鼓撞巨鐘乃性烝烝變矣無殊等也同於國

府學

地在縣南三里西陶坊邑人吳孜捨宅建地繫於邑故以府學始詳載郡志

縣學

聖殿三間祀

至聖先師孔子配以復聖顏子宗聖曾子述聖子思子亞聖孟子曰四配先賢閔子損冉子雍端木子賜仲子由卜子商冉子畊宰子予冉子求言子偃顓孫子師曰十哲

謹按唐武德二年詔國子學立廟四時致祭孔子貞觀二年從房元齡等議尊爲先聖乾封初追贈孔子爲太師開元二十七年追贈孔子爲文宣王二十八年勅每月朔望祭酒以下行釋菜禮郡縣長以下詣學行香仍前代制稱大成至聖文宣王肖像服袞冕祭用籩豆十二舞用八佾四配以下從祀者並以公侯稱明初正封號惟大成至聖文宣王封爵仍舊洪武十五年詔天下儒學通祀孔子永樂八年正聖賢繪塑衣冠令合古制至嘉靖九年用張璁議撤塑工祀典始爲木主曰至聖先師

孔子四配
十哲稱子
東廡祀四十八人（先賢）澹臺滅明原憲南宮适商瞿漆雕開樊須公西赤梁鱣冉孺伯虔冉季漆雕徒父漆雕哆商澤任伯齊公良孺奚容蒧顏祖句井疆秦商公孫句茲縣成燕伋顏之僕樂欬邽巽公西輿如公西蒧陳亢琴牢步叔乘（先儒）左丘明穀梁赤高堂生毛萇杜子春王通歐陽脩周惇頤程頤張載楊時朱熹陸九淵蔡沈許衡陳獻章王守仁
西廡祀四十七人（先賢）宓不齊公冶長公皙哀高柴司馬耕有若巫馬施顏辛曹䘏公孫龍秦祖顏高原壤駟赤石作蜀公夏首后處公肩定鄡單罕父黑榮旂左人郢鄭國原亢廉潔叔仲會狄黑孔忠施之常秦非申棖顏噲（先儒）公羊高伏勝孔安國董仲舒后蒼韓愈胡瑗程顥邵雍司馬光胡安國呂祖謙張栻眞德秀薛瑄胡居仁
謹按洪武二十九年以漢董仲舒從祀正統元年

刊定從祀名爵位次二年以宋胡安國蔡沈眞德
秀從祀弘治九年以宋楊時從祀嘉靖九年釐正
祀典左丘明以下稱先儒某子凡神位改稱之位
增祀漢后蒼王通宋歐陽脩胡瑗陸九淵五人隆
慶五年以薛瑄從祀萬曆二十年以王守仁陳獻
章胡居仁從祀

啟聖祠祀

啟聖公 配以先賢顏路曾點孔鯉孟孫先儒周輔成程珦朱松蔡元定

謹按先師孔子父叔梁紇宋封齊國公元加封
啟聖王原無專祠先賢顏曾思孟配享廟堂三子
父乃從祀兩廡孟子父原不預祀先儒從祀其父
亦未預祀嘉靖九年欽命監學俱別立一祠

名宦祠 舊祠于五雲書院隆慶元年知縣莊國禎
始移入學內祀唐李俊之宋曾公亮明王
宗仁戴鵬吳逵可趙士諤

鄉賢祠　祀宋海虞令何子平知饒州唐震明江西餘干縣儒學教授邵廉廣東布政司左參議陶惺廣東布政司右參議胡恩大理寺卿徐初進東行太僕寺少卿章瑄廣東高州府知府曹謙兵部左侍郎贈兵部尚書陶諧知府贈學士董復吏部侍郎兼翰林院學士陶大臨吏部侍郎贈尚書董玘長沙府知府季本廣西按察副使范可奇贈刑部員外董祖慶隱士范瓘都御史陶大順理卿商爲正副使葉雲初光祿卿周應中布政林紹明提學御史王以寧參政商周初訓導沈槃沈肅

明倫堂　復禮齋　尊經閣　題名碑　臥碑洪武十年詔刻于學

敬一亭　刻嘉靖御製敬一箴并御註心箴視聽言動四箴及聖諭于石碑

土地祠　奎星祠　貫珠樓　合璧樓

東西號房二十間　饌堂三間　嘉靖二十二年知縣華舜欽重脩

倉房三間

泮池　成化二年知縣李載開鑿置橋嘉靖三年高世奎甃石

教諭衙　庭有竹匾曰綠竹堂（明余成記）綠竹堂者予官署燕息之所也舊無匾今匾之曰綠竹云堂凡若干楹僅庇風雨在先師廟之西有修竹數百竿環列于門墻之左右蒼翠交加日出有清陰風來有清聲濟濟然可愛嘉靖壬戌之仲冬余來會稽署教事登斯堂見斯竹心甚宜之謂其可以供冷署之玩也又明年甲子則再更寒暑矣玩之既久豁然若有相孚者心益宜之余嘗與諸士子坐堂上考德問業商榷古今時造竹下一嘯歌焉竹之狀或俯焉若聽或仰焉若思或向焉若問或伏焉或從或嚮焉若荅或隨焉若和或昂焉若冲霄或起焉若凌風或蜿焉若盤龍或聳焉若翔鳳不啻諸弟子之侍于側而誾誾侃侃之象所如也豈但供冷署之玩已哉予聞之昔之愛竹者多矣或曰竹似賢或曰竹比君子或裂之爲簡可以紀經史鏃之爲矢可以征不庭製之爲席可以

展孝敬截之爲笙可以和神人蓋有文武禮樂之才焉予不佞匾堂曰竹有以也安敢自附曰古之人乎匾既成或問于予曰然則所謂門墻桃李者抑不足尚與予應之曰桃李也竹也皆物也樹之存乎人樹桃李而舍其實小體之資也樹竹而尚其德大體之資也樹桃李于門墻孰若樹德之爲優哉諸士子因賢人君子之流負禮樂文武之才者也顧相與誦淇澳之詩而勗之則所謂有匪君子終不可諼兮者武公不得專美于前矣斯堂也斯竹也不亦均有光哉因記之以俟云

訓導衙　一在聖殿東一在教諭衙西

戟門三間　櫺星門三間　學門三間　倪元璐對禹會諸侯三百里揆文設爲庠序以教越多君子六千人定霸是亦聖人之徒

坊牌五座　前曰至聖東曰青雲西曰黄甲正德四年知縣徐岱建東北曰騰蛟西北曰起

鳳嘉靖十四年王教
重修改匾義路禮門

祭器 大香爐一花瓶二並鐵小香爐五花瓶二爵杯二十一並銅按宋徽宗設禮品一副內十籩十豆明初國子監用籩豆各十天下府州縣各八成化十三年以禮部周洪謨奏加籩豆爲各十二外府州縣各十嘉靖初年遵照初制國子監用十籩十豆府州縣用八籩八豆

祭品 香燭酒羊豕鹿兎帛正位用綾餘用絹練長一丈八尺太羹實于登和羹實于鉶黍稻實于簠稷粱實于簋形鹽藁魚棗栗榛菱芡鹿脯實于籩韭菹菁菹芹菹笋菹醓醢鹿醢兎醢魚醢實于豆

祭儀 知縣至儀門請僉祝板稟起皷請觀陳設由西廡行上至正殿出殿傍門左邊至東廡復到酒罇所視酒實帛引至殿傍立通贊者唱執事者各司其事主祭官就位陪祭官就位瘞毛血

生進自側門捧毛血盤出自東門至東邊放在地
上以碗蓋之迎神行三跪九叩頭禮平身奠帛行
初獻禮引者唱詣盥洗所酌水進巾詣酒罇所司
罇者舉冪酌酒司爵者捧爵司帛者捧帛詣
至聖先師孔子之位前引主祭官從側門入執事捧
爵帛從中門入引者唱就位跪獻帛獻爵叩頭起
詣讀祝位就位跪贊者唱衆官皆跪讀祝文叩頭
起詣復聖顏子之位前就位跪獻爵叩頭起引至
宗聖述聖亞聖亦如之引至從聖前至聖四配行初
亞終三獻禮陪祭官行分獻禮于十哲兩廡三獻
分獻俱畢飲福受胙謝胙行一跪三叩頭禮撤饌
送神行三跪九叩頭禮畢讀祝者捧祝司帛者捧
帛出自中門各詣
瘞所作燎禮畢

祭文（聖殿）維
師德配天地道貫古今删述六經
垂訓萬世維茲仲穉謹以牲帛醴齊粢盛庶
品式陳明薦（啟聖祠）維
公誕生至聖爲萬世王
者之師功德顯著茲因仲穉特用祭告（名宦祠）於

維群公來宦於茲政善澤流民具用思我裸我將罔敢或怠規矩準繩我式斯在鄉賢祠於維諸賢後先有作德業文章範茲來學我籩我豆薦祭之供高山仰止我懷曷窮

樂舞 唐樂用宮縣舞用六佾明成化十三年增爲八佾嘉靖九年仍爲六佾司歌章六人司麾一人司應鼓一人司搏拊二人司琴六人司瑟二人司柷一人司敔一人司塤一人司篪二人司簫六人司笛六人司笙六人司排簫二人司編鐘一人司編磬一人司旌一人司籥翟三十六人通樂二人

書籍 永樂十三年頒四書五經性理大全各一部十七年頒爲善陰騭書一部十八年頒孝順事實一部正統十二年頒五倫書一部崇禎六年頒孝經小學各一部命學使者出題試士舊志載有五經正義十三經註疏今無存者

鄉飲 明洪武五年令中書省詳定條式十六年禮部定到鄉飲酒圖式儀注令府縣里社一體行每歲正月望日十月朔日舉行縣附于府至日于府學明倫堂序立行相見禮三揖而後至階三讓而後升堂府官爲主位于東南大賓位于西北僎位于東北介賓次位于東南九十者六豆八十者五豆七十者四豆六十者坐五十者立府佐與縣之令佐學官之屬序爵坐皆西向耆老儒士序齒坐皆東向教官一人爲司正揚觶致辭恭唯朝廷率由舊章敦崇禮教舉行鄉飲凡我長幼各相勸勉爲臣盡忠爲子盡孝長幼有序兄友弟恭內睦宗族外和鄉黨毋或廢墮以忝所生講讀律誥兼授爵贊生員四人例不許奉祀武生充貢童子六人歌詩擊鐘鼓爲節行酒五行至七行不過十行賓主拜

揖乃退

學制 宋天聖初始命藩郡立學慶曆中范仲淹輔政議興州縣學至崇寧中乃著爲令郡縣學

以時選試升其尤于州學凡縣學設學長學諭道
學齋長齋諭各一人生員五十人明洪武二年命
天下府州縣皆立學正統元
年始設提督學校風憲官員

學地在東大坊横闊四十五丈後横闊三十三丈
六尺北抵官河南抵官路縱長四十三丈六
尺檽星門外地自建學以來廻官街至弘治五年
知縣陳堯弼始通神道自檽星門南抵馬梧橋河
縱長四十三丈五尺横闊三丈四尺其後日爲居
民所侵正德以來僅存地二丈六尺嘉靖九年知
府洪珠教諭陳驥齎學舊田併捐俸買拓近檽星
門前神道兩旁地縱長左十二丈五尺右九丈九
尺横廣合舊凡二十二丈一尺又買馬梧橋河之
旁横廣二丈六尺嘉靖十四年間知縣王教又買
拓前神道兩旁地各横廣三丈縱長三十一丈計
地貳畝叁分叁毫合舊神道凡横廣八丈六尺縱
長三十一丈嘉靖戊申科之得
學地凡叁拾畝肆分陸釐貳毫

(學田)謹按宋乾興元年詔給兖州學田而諸州從爲例熙寧四年詔給田拾頃于五路爲學糧大觀元年詔察絕產以贍學乾道四年魏國史浩鎮越捐帑置學田今無攷明弘治五年知縣陳壽所置其田共十七畝七分捌釐正德以來僅存拾壹畝伍分嘉靖中知府洪珠教諭陳驥盡贖此田用以買拓櫺星門外地(新田)總柒拾玖畝貳分玖釐貳毫四系(地)陸分叁釐柒毫凡伍段(一段)陸畝壹分貳釐貳毫在第四都大悲漊臨河結字二百一十一號若十三號今併(一段)貳畝捌分柒釐捌毫在第四都蔣家漊臨河結字二百六十一號內除墩地陸釐淨田貳畝捌分壹釐捌毫(一段)貳畝貳分結字二百六十二號抵換第二都扆字四百二十二號田貳畝(一段)捌畝柒分陸釐在第四都大悲漊第二坊結字二百四號若五號今併內除墩地貳分淨田捌畝伍分陸釐並科糧陸升共秋糧米壹石貳斗陸升伍勺(一段)伍拾玖畝柒分玖釐貳毫肆系地陸分叁釐柒毫在第七都吳容

坂四旁俱至河中包地叁拾肆畝貳分蕩拾畝柒分科糧叁石肆斗捌升壹合玖勺玖抄陸撮嘉靖中知縣王教撥置本學存炤立石以記嘉靖二十六年知縣張鑑丈量得田陸拾陸畝肆分柒釐陸毫萬曆間郡志載云近復增置共田壹百叁拾叁畝肆分五厘柒毫

碑記 學宮舊在縣南一里竹園坊宋崇寧二年建元至元十四年燬於火大德五年復建程庸記此後修於天曆二年韓性記會稽邑學重建大成殿成邑人士使性爲之記竊以庠序學校有事先聖先師古也曲阜遺履肇祀於漢其後文翁興脩講堂禮殿更數百年迄東晉猶在况于會稽儒風之盛冠于東州尊崇嚴飾宜異于他邑至元十四年燬于火後三十五年當大德五年始構大成殿比三十年摧剝傾漏不可復支慈谿童君桂王講席瞿瞿然若負疾在已謁令長請爲縣令霍侯文輔擇邑士可任者俾之率作掄材工有緒矣會孟侯夏憂去哈喇哈孫來爲令長洪苟與棨贊交贊

共成用工于天曆二年之八月畢工于明年之七月衆楠堅好丹雘華煥霍侯日至學視象設故暗者新之倫堂兩廡甚敝者葺之俎豆簠簋尊爵籩豆不具者完之春秋釋奠朔望伏謁若在洙泗之間仰晬容聆謦欬也惟聖人立人極以植斯人斯人遂其生若其性誠敬所寓千載一日祠祭之嚴歷代可考所以致尊敬報罔極之恩也然古之廟學更數百年而不廢後之營建隨成亟毀不能以世工之良楛懸絕至是耶將士風之不同耶抑完葺之功有繼有不繼也仁侯禮殿之創華好矣繕修之繼不有望于後之人哉敦禮俗興教化以稱布文之理有司事也一日必葺不敢怠校官職也仰綴一瓦俯葺半甓力之所逮不以煩瀆邑士責也充而大之政教以行學業以成報本反始寓其誠敬千載一日可也○修於至正四年（李祁記）

○修于明天順八年（魏驥記）自司徒典學之官設而學校之制興故自古以至今輿圖之廣在在有學焉歷代之所重者誠以迪民彝育賢才之繫耳

然入天朝聖聖相傳重之尤至特任其責者有勤有怠故所在不免有興廢之殊若紹興之會稽學自創建以來規模卑隘不足以稱具瞻兼主之者恒乏其人甚而基址爲人所侵亦不知省遂至卑隘日甚于昔邇年僉憲陳公永按至學詢其由亟命郡縣爲之經理民猶未即以地歸未幾郡守彭公下車聞之知爲職之所當重乃曰吾責也其可玩愒視之爲傳舍乎即與二守李公恕輩議曰斯地爲民所侵有年且多盖屋其上一旦俾其遷移亦民所難吾視城中隙地頗多吾欲以其隙者易之吾輩盍出俸餘爲彼遷移費僉以爲然明日合民諭郡給費以遷民皆欣然而從地遂歸公復曰地歸矣宜乘時以闢學之卑隘可也又始出帑爲倡郡之篤于義者咸願出財力以助公乃需材鳩工命耆老敦匠事而規畫布置則咸出于公焉于是立表考宜疏剔蕪穢中峙明倫堂堂之左右爲兩齋一曰存誠一曰復禮高亢明爽有踰其舊以至學之所宜者若倉庫若庖湢之類無不備具煥

然一新屋大小凡若干間來游來歌之士咸改觀易視嘖嘖歎曰非賢郡守曷能致是事旣竣適典敎康君華玉吳君文澄相繼來莅學事覩茲盛典咸郡守公之用心復所侵以大其基擴所隘以弘其規其績不可不紀以爲後來者勸并率其徒徵言于予以爲之紀夫紹興素號文獻之邦賢才之生風俗之厚歷代而然其所以沉涵陶育以致之者寔由于學顧茲學之墜廢其興舉之也寔宜是役也雖僉憲公肇其端而完其美寔郡守公之所致其績則不可不書或曰魯侯修泮宮詩人頌之而春秋不書者以脩學爲常事耳余曰今郡守公能爲人之所不能爲其于斯學數十年爲人所侵之地一旦能復之數十年爲人不省之學一旦能闢之又出私帑以助之要不可以常事論當知春秋書魯之君初稅畝作丘甲書其非常者擅變制書以示其懲今予書公之興學復侵地闢卑隘書其非常者能合義書以示其勸○修于成化　年韓陽記○修于十六年章瑄記○修于嘉靖元年

韓邦問記〇修于五年董復記治化盛衰繫于學
校故有三代之學斯有三代之盛三代以降化不
逮于古者學校不古逮也我明稽古建學育才資
治重熙累洽蹟于三代於戲盛哉此崇重學校之
明驗也會稽爲神禹過化之地英賢輩出其所以
漸涵陶育以致之者寔由于學歷年既久傾圮匪
時其間有任修理之責者然葺而未備充而未完
不足以稱具瞻正德戊辰秋七月西蜀徐君岱以
名進士來令茲邑下車之三日循故事謁　先聖
廟退而延見諸生升堂講解畢環視左右喟然歎
曰學校育才之地何隘陋之甚耶遂相度諮詢而
更張之命義民秦鎬董其役闢隘爲廣飾陋爲華
購隙地以通聖道鑿汚塞以通泮池南樹大成坊
北鞏尊經閣通衢東西則啓青雲黃甲二坊前崇
後岌左右翼然鄉賢乏祠崇祀缺典侯亦因而創
之若櫺星門若騰蛟起鳳二門則後其舊而移置
修飾之凡學之所宜有若號舍庖湢之類無不庀
治而垣墉之卑者亦以崇焉費不煩官役不病民

是冬功遂落成規模弘敞于昔有加踰年而侯祉
徵爲侍御史去茲四餘年庠生秦傚郃謹孟霽等
序篤嘉惠之思市不欲紀其事適新尹閩城林侯
炳莅茲士覽廟模之翼翼詢知厥由謂非碑記之
無以勸示後來于是謀諸典教張君槪二教林君
文昇欣然從之遍布其情于士大夫僉曰宜然判
簿楊君晉炳其事屬復爲文辭之不可遂爲之記
葢治化之盛繫于人材學校者人材之地也徐侯
銳志學校而德惠在人彌久彌篤大學所謂民之
不能忘者是也抑令觀諸士子之情可以觀秉彝
可以考成功以之告于神明刻石以垂不朽夫豈
不可哉○修于隆慶元年陶大臨記嘉靖丙寅冬
仲府推陳侯文煥受省檄下視會稽縣事三日莅
學官進諸生講顧視殿舍壞不治先師靈若弗妥
而學官弟子若寄詩之諸生以舊令莊侯國楨方
議新之而以名阻告侯曰諾吾其遂成之歸則檢
縣籍發所羨均平銀二百兩授喻丞南岱董其事
役肇興適傳侯艮諫以才自奉化移會稽勞厥事

視所劇缺身任之計茲役門殿庭廡堂閣祠舍庖湢爲間者百尾石材甓膠漆圬校以箇以銖計者數萬有奇赤白黃青甃甓級蓋朗燦穆清視昔加勝先師妥靈學官弟子舍寄而就定始三月六日至十月朔而成爲功者千有奇始未成時傳矦數莅茲役顧問名宦祠何在有以五雲書院對者蔣學師錢君廉方議入祠于學遂以請矦曰曷入之矦遂廼覲生輩復請于陳矦陳矦益復任之助以郡廨資祠遂入學中與故鄉賢祠峙典益大備至是學師錢君廉張君彥卿鄭君薦輩率弟子來以記屬臨唯漢文翁守蜀以蜀僻陋既遣士詣京師就學又修起學宮于蜀中蜀人大奮志比於齊魯其後有王褒楊雄司馬相如者出而以文學名天下人未有不急于褒而緩于盛者始文翁急蜀學以學褒耳今會稽文愈盛矣即使文翁處今日且不知其何如而三矦者固如彼其急且陳矦攝也其急此爲尤難可記也相如褒雄三子寥寥徒文藻士耳其進而顯名又不由學宮然至今稱三子

必歸德文翁剏吾會稽上登學宮敏秀者五百人
其所研晰道術經行其于寥寥二三子徒抱文藻
者既懸殊至登用又未有不由學宮者他日將歸
德於振舉視文翁又何如哉蜀張公名鑑者昔知
會稽爲學濬河別起樓閣士且興起科亦倍往昔
時臨尚班諸生親見也今去此若干年何幸再一
見之故樂爲之記（商廷試記）陽山莊侯國禎尹會
稽之三年以循良徵拜諫議瀕行蒞學宮進諸生
諭之曰會稽名邑學校重地而殿舍弗葺有司之
責也敢謝不敏焉乃出贏金若干謀經始之未幾
而傳侯晨諫自奉化移治會稽學官弟子以修舉
事宜告侯曰政急先務敢不良圖乃會財而出徵
發調集具有條理于是榱棟楶桷罔不整飭甃墁
城甓罔不堅好斲刻丹雘罔不華絢以聳瞻嚮而
時居游又創立名宦祠于鄉賢祠之左而學制大
備工始于丁卯六月三日訖于是年十一月一日
又踰年而張君秉學來掌學事偕司訓鄭君薦張
君彥欽日與弟子員陳子欽沈子梗考德問業必

推本二侯興學造士之意乃率而徵言于廷試余謂今之有司知急興學之爲務者鮮矣乃若莊侯已丙名而克謀厥始傳侯甫下車而力襄厥終二侯協心同底于成諸士子仰承德意有不爭自淬厲振奮以顯庸于時者乎雖然予竊有惧焉自科目制興而士之游庠序者惟知讀書綴文以應有司之求而已訓詁辭章溺心喪質將日淪于卑陋間有才辨之出于衆者始若不安而倡明心學乃立意于高妙其說以頓悟爲宗輕相印可又曰鶩于奇麗詠詭而聖學益以晦矣其視先王道德行藝之教詩書禮樂之澤何如耶今之學者皆知尊孔氏矣夫子之所雅言在詩書執禮教人文行忠信至其自謂則曰下學而上達夫下學者忠信以立本也文行以致用也詩書禮樂皆其具也而上達之妙無不在焉此孔門眞寔之學先王之教所賴以不墮也今舉業以時制不得廢而高談性命又無寔用思造士者欲推明孔氏之學以修先王之教亦愼其所取之而已先王以鄉三物教萬民

而卿大夫所以典興賢能者亦考其道德行藝之實于閭師族胥之所書者而已猶曰德成而上藝成而下今之取士藝焉而已取之以藝而欲求相勉于德行難矣豈知德行文藝本相表裏篤其實而藝者書之則美愛斯傳使校之取士而必由此其選也則舉業亦何患其奪志哉故曰亦愼其所取之而已矣之所以典學造士者意有在于斯乎予故樂爲之記○修于萬曆□年（陶望齡記）黃岡曹公來莅茲邑視政多暇則進其邑之弟子而程角之以歲時謁奠　文廟惟謹周覽堂序怦然惓懷慨廡宇之就圮隱文治之未朗歎曰是余之責也夫孰爲政而使臻此政孰急于此也其議新之而難其費于是周計帑中得故儲之鏹及罰鍰之就徵者凡若干緡鳩工庀材時不易節賦不益入民不加役而模增敞貌增煥邑弟子之講德而游斯者文亦若增而絢氣亦若增而揚博士胥君何君率其諸弟子相與頌公之功而請不佞記之余曰諸君之功我公也何哉曰學校之制於郡縣也其

鉅而曩之吏者傳舍其官以甌脱吾學校猥云無動是土木善汚蠛人也非我公不遂傾敗薈穢狀望帝宫象門者使人心肅而憚過梵宇叢祠者使人心虚而鬼宫室之于人心固然今吾邑之士人日聚于斯而覩先聖之宫薨棟翼然彤彩絶然其庶幾茂亦有遠心乎余曰公豈以其宫室之敗壞是葺將亦令世士習之敗壞是與古之君子植行有壇宇潔志有堊滌至道有奥窔謹其藩籬室其隙穴所以救敗而自完也士節之不渝緊質行是賴自不佞之去爲諸生而至于今且三十禩其間文明奕而日聚而淳樸則若澆而日散可謂歲有不同矣士處于黌校猶女之處室然故心繫紘埏而口不問州郡志大宇宙而身在環堵今之士似不無小謬也其焉用文之作室者先揆日測圭奠基厚礎其材大者梁棟小者櫨析最後乃刻鏤藻飾耳文之于士眞刻鏤藻飾也非質幹烏施哉吾邑庠于天下稱能文其先多君子而茲又有賢令如曹公者砥整名節以爲多士勸語不云乎巳雕巳

琢復歸于樸此亦歸樸之一時詎令遠傾敗薈穢爲也諸君共懋之其使吾庠之士風與其宮墻並新令日以無負公加惠至意則有起而言曰淵哉先生之言吾庠藉公而新後且必有能繼公而新之者則猶有故也而有待也若公之大造我人士則烏乎故也而烏乎待也請以先生之言授之石公其常新者存是役也四博士君寔始終之得並記焉曹公名繼孝楚之黃崗人前教諭孫君名性之今教諭屠君名其訓導張君名紱何君名衡其前沿革語具舊志中）萬曆始年邑令羅相重修

陶望齡又記州縣復得建學自宋慶曆然其時或舉或罷廢興尤視守若令能否明與膠庠徧郡國秩祀嚴備文教蔚然遠久而土木敗蠹廟貌或弗飭籩豆簠簋殫闕春秋釁享至取給市肆無以稱尊事先師之典學徒佻達散處舍宇皆圮敗無資于公以聚之茲用刓弊又非所以隆教化也其舉墮救敗飭與弗飭亦恒視守若令能否豫章羅侯治會稽三年綱目畢張尤先于造士月朔且拜謁

文廟肅瞻棟宇嘆其故敗謀新焉數月訖工階戺圭厲丹堊既煥曰器弗庀不可祭也遂謀更壞者補所未具既具矣曰無公田以養于是籍辜者庵于學凡爲田若干畝蕩若干畝初侯之至也屬當賓興士謀曰會稽與山陰俱郡輔邑士之材美無讓焉而試者額顧縮不可于是白主者增二人著爲例凡鉅至廟堂纖至什物遠者廩士之田升士之額前二百年所未備後垂無窮皆侯振修之嘉惠邑人士甚盛何可無紀于是學諭某訓導某某偕弟子數十輩以文屬望齡而記之系以言曰孔氏之道遠而彌尊久而彌章歷漢唐洎宋而追崇之禮紹明之功備矣其爵自公而王享自象設而鎮圭袞冕祀自闕里辟雍而荒服下縣不亦遠而彌尊哉漢時諸老先生傳言篤說而已自王通韓愈迄于濂洛關閩而大儒輩興神領步接遂亂其統不亦久而彌章哉雖然吾猶將援禮方道而言今代之尤盛也夫像設以肖之王祀以尊之吾未知肖與尊之何如也像者土木而豈其人哉爵以

王貴矣而議猶嘵嘵于帝號何者稱王于今而貴可加也我肅皇帝之尊孔子也不然更像而位之去王而師之更像而位則其虛也而後祀者洋洋乎如有覩焉夫子者魯一夫也而道則師也還夫子以一夫而師之則其質也故其尊出乎帝王之上而不可加蓋無肖之而真遇無爵之而尊全矣往古之事孔子未有善于是者也嗟乎後之學吾孔子者將亦有像設而王祀者與孔子所知者知之可者可之而夫子固曰吾無知吾無可無不可然則彼所學者夫亦其像耶孔子之道常道也辟之位猶魯一夫也後之推尊者無以喻其大而祗卑焉此王祀之類也當正嘉間越有鄉先生者起而一劃其陋撤膠固之象設而洗虛謬之王稱于是學者稍稍有闚見而夫子之道昭融朗耀易簡而彌高往古之學孔子亦未有善于是者也先生之教始于鄉而盛于大江以西西士之服膺先生也甚于其鄉比者先生業俎豆孔子之庭矣說當易行孔子之道當日顯羅侯又其封邑人英敏特

達尤西土之賢者而適仕于此知必有以明其道也學校者將使人聞道而至於命者也予不敏將與邑子共承之矦名相江西新建人萬曆壬辰進士○崇禎年重脩諸生倪元瓚董其事

〔學政〕巡撫都察院范爲申嚴學政事照得士習首平民風文章關乎世運禮義廉恥藉此而維政治經綸于是乎出而提學一官尤爲通省風敎之本取舍舉錯多士所趨本院備悉浙省士氣頹靡由于學政廢弛該道今當新任正宜起弊維風爲此牌仰該道遵將後開欵件一一申嚴實心修舉其有未備推廣施行本院務必詢事考文循名責實以稽該道之績毋或泛視致溢頹波○一士習士習至今日大敗矣而兩浙之狂儇尤甚其無賴者交通衙蠹連結有司健訟包攬寫詞造訪爲豪宦之鷹犬作百姓之豺狼甚至暗列倉夫烹分銀米明當行埠勒派常規局賭囮姦串逃窩賊辱身賤行敗法亂常致使臧獲羞稱路人掩鼻不惟非士亦且非人其狂悖者高論大言放意肆志

或于呈狀之中盛誇才學或于禀啟之內極詆清高引者自謂朱程誕者輒方管葛甚至告頂腐儒未進童生恠論歪詩敢來冐瀆凡此兩種世所罕聞該道務宜責成教官細加查核嚴檄州縣不許引容凡開報劣行諸生必先去其太甚毋以文等之人塞責其開行當埠者查訪革除非種旣鋤嘉禾自秀貞教與行之風可次第而舉也〇一正文體兩浙文名從來甲于天下乃本院觀風大錄兩試生童彙其雷同之語則數行之內可剽千篇摭其膚泚之詞則一題之文可移百義文與題旣不相涉心與手若不相知腐濫卑庸聊且粗畧故天下有五錢名士之誚而識者貽半分不值之評總由失其良心溺于靡習竟謂不須本領眞可誆騙科名是爲狗偷鼠竊之心腸卽係殃政害事之根底爲士得無下賤爲官安不貪庸其尤甚者恠語誕詞荒唐悖謬如譾如譫似風似癡何殊病狂之人乃詫高奇之筆則又文中之魍魎理義之亂賊也該道務當盡心釐剔力去氣習題義必禀精淳

文章須有識義詞尚體要毋取浮靡氣貴英華勿流卑弱深渾堅厚者可占邃養之功俊偉光明者足爲正直之器次則顯典簡易爾雅風流雖非有用之文却勝膚庸之陋是在留心簡拔刮目品題一郡流傳他州觀法風自此而振矣○一嚴崇祀鄉賢之舉雖曰一鄉之賢然必有德足及人訓可垂世者乃敢祔祀宫墻追隨聖哲若僅斤斤無過原非懿德可稱況下此而又遞降者乎本院歷任一年州縣司道之請鄉賢祠生者不啻數十卒皆巳故顯宦受贈封君處士碩儒曾未一見則是賢賢之典徒爲貴貴之資而禋祀之隆僅同埜祭之例竊意 先聖先賢其能罔恖罔恫今往者難追將來可戒該道身司風教務冝着力澄清苟非其人心喧物議況准部咨奉

旨嚴飭不許冐濫繁多徇狥私情致干

功令鬼神王法兩所難容仍行嚴飭生員教官毋得趨炎妄舉白簡當畏清夜宜捫戒之敬之○一禁冐籍冐籍之弊雖他省亦有之而無如兩浙之甚

且肆也蓋人之必欲冒籍者或因問擬罪犯本地難容或係劣行黜生條例難復或出身下賤圖他郡之不知或才學低微希小邑爲易取又因貪汙學道鬻賣數多此縣有餘移之彼縣是以冒籍之禁冠于匿喪娼優隷卒之上者誠謂匿喪以及娼優隷卒但一冒籍俱可容其奸弊也本院每閱詳生員學貫多非本縣甚至本身姓趙父兄姓王而弟姪姓李者總由頂名改姓冒籍冒宗鬼蜮溷淆寡廉鮮耻此輩爲士子復何望其知書識禮而安分守法乎至于台温處郡額多中下地在偏隅本土之人尚難于數而才黠者利其殘僻群擁齊擠致使本地儒童十僅得其一二此皆廪生貪賄連黨成群違悖致條敢行保結此而不餙不究能不叢弊叢奸該道職司文衡宜爲執法務嚴禁止犯者不饒保結廪生並行黜革抑奸宄而援孤寒豈伊異人事哉○一公進取遲來生童之運否亦極矣額數既少年限復多而鄉紳說情文衡自賣上司有百名數十名之額例同僚有自託轉託之

夤緣幾茂至正額不敷于旁求貢士永淪于幹棄三年攻苦每次捐遺市井褦襶群然登進使黌宫爲積穢之藪而督學似乎儈之行玩法瀆天斯文墮地盡匪類之戎首乃名教之罪人該道今試新刪正宜痛滌積弊欵中所列此項爲先總之身教者從自然諸弊可革本院採訪極密風聞極多若蹈前車定貽後悔尚愼旃哉○以上造士五欵雖非造士本原然起弊乃可維風興利不如除害故不襲棫樸菁莪之僞語作興仁成德之套詞惟是弊害既除即成教化急其先務行以實心是本院所拭目于該道者也仍將所列各條通行頒示申飭並取遵依送閱康熙九年八月十七日頒示

社學

明洪武八年詔有司立社學有司不得干預其經斷有過之人不許爲師正統元年令各處提學官及司府州縣官嚴督社學不許廢弛其有俊秀向學者許補儒學生員四年奉勘合每里各設一所成化元年令民間子弟願入社學者聽其貧乏不願者勿强弘治十七年令各府州縣建

立社學訪保明師民間幼童年十五以下者送入讀書講習冠婚喪祭之禮

會稽縣志卷第十三終

會稽縣志卷第十四

祠祀志上

壇廟祠

邑之有祀凡以爲年也彼神之關于年者邑既祀之矣若嶽之鎮則該一州禹之功則在九州天子之命祀也而地寓于邑之內故邑亦得書凡以爲賢也彼鬼之關于賢者邑既祀之矣若祀之創于私墓之祭于其子孫又非有天子之命祀也而思係于邑之公故亦得書于邑厲非賢又非年也而

祀之且書之何耶屈平之歌國殤有曰身既死兮神以靈魂魄毅兮爲鬼雄而子產亦曰匹夫匹婦其魂魄猶能馮依于人以爲淫厲夫殤傷也厲沴也彌關于年者也殉飽餒于幽澤枯之義也豈直年焉已哉 徐渭

壇

〔社稷壇〕附府在迎恩門外 慶元二年知縣王時會重脩明制凡縣附于府者俱陪祀于府壇縣壇遂廢舊壇宋在縣南之禮禋坊〔陸游記〕縣社在禮禋坊曰社曰稷曰風師曰雨師曰雷神凡五壇皆茀不治祀則茇舍以爲次凡祀之費一出于吏雨則寓于吳越王祠之門承

議郎四明王君時會之來爲令始至周視壇所喟然嘆曰幸爲政于此有人民社稷事孰大于是乃即其地爲垣八十丈築屋四楹有門有庫蓺松五十稽合制度蕝秸莞蓆幣篚樽俎豆籩簠簋勺冪莫不如式粢盛酒牲醴牢莫不供給獻有次祝有位齋有禁省饌食爵奠幣飲福望燎望瘞有儀祝事各以其日王君祗敬齋栗與其僚從事禮成而退無違者會稽歲比不登及是雨暘時若歲以大豐民皆曰吾令致力于神神實享答吾其可忘乎于是父老子民相與告予因記其事

風雲雷雨山川壇在會稽山之麓

厲壇在山陰昌安門外已上二壇並屬府祀祈陪祀于府並準社稷壇例清明中元十月朔迎城隍至壇

里社壇鄉厲壇洪武初制每里立一所今或存或廢

廟

城隍廟　石坊一座　大門三間　正廳三間

後堂三間扁曰同春堂　道房三間在縣東二十餘步正德十五年知縣徐岱脩嘉靖十九年知縣吳希孟重脩（汪應軫記）凡天下府州縣必立城隍廟祠其來久矣其守若令于人力之所不能致者必于祠禱焉不但水旱蟲螟霜雪彗孛而已至于妖蛇猛虎之類亦嘗移牒以告而其應如響蓋政爲之明而神爲之幽人之情每欺明而備幽故政嘗于神之助此立祠意也會稽府之附縣其城隍必與縣同始然其創建之歲月與其令佐之姓名前後之脩葺多不可考矣獨西蜀徐世瞻于正德末年來蒞茲邑更脩之文其自製也嘉靖庚子吳君子醇領札將之江右參藩以諫垣時言事謫貳會稽到官之日致齋于祠仰瞻殿宇讀徐令之文曰善矣然

神棲弗稱也遂指錢若干又率耆老尚義者轉相
勸助不數月功成增屋數楹闢地濶可四丈深九
丈二尺其制視舊爲壯于是諸老以吳君命屬余
記其事余曰會稽本山名也禹會諸侯于此後人
不忘禹之功故以山之名名郡今郡名已易而縣
猶存其名則夫官于此者顧縣之名可不思禹之
功乎今稱禹者必曰神禹以禹之心合于神明也
思禹之功而求合禹之心神其有不相之者乎神
而相之則夫人力之所不能致者不足憂矣吳君
曰賜哉曰未也禹之心固神矣然其所以治水者
行其所無事也今天下之爲人牧者能行其所無
事如禹者乎民有利也不以利治利也而以我治
之民有害也不以害治害也而以我治之民有賦
也有訟也不以賦也訟也治之而以我治之是皆
有所事也是皆拂乎禹而取怒于神者也爲以求
致人力之所不能致今君前爲丞則以丞爲丞後
爲令則以令爲令是皆行所無事也吾固知之矣
循此而往可幾于神矣幾于神則今之修祠也非

漫也君名希孟字子醇晉陵人相厥事者縣丞湖南羅君尙介主簿桂林蔣君環典史三山林君希俊〇順治十年居民歛資脩葺比舊加巍煥

紹興衛旗纛廟在縣南二里明洪武十六年始基于衛治之西南陬居民錢阿金遷縣治東南之法濟里宣德間傾圮弘治癸丑重脩今頹廢

南鎮廟　正殿五間　後殿五間　東西兩廡各十四間　中門九間　石門三　碑亭二在中門外東西對峙齋宿房　宰牲房在縣治東南一十二里會稽山之陰周禮職方氏曰揚州之鎮山曰會稽秦倂天下以會稽山爲名山祭用牲犢圭璧晉成帝咸和八年會稽山從祀北郊北齊祀地祇以方澤其神則會稽鎭諸山隋開皇十四年詔就山

立祠命巫一人主洒掃多蒔松栢于祠下唐天寳十年封永興公歲以南郊迎氣之日祭宋乾德六年以會稽在吳越國乃下其國行祭事淳化二年從秘書少監李至言以立夏日祀南鎮會稽山永興公于越州後加永濟王元大德三年改封昭德順應王明洪武三年詔去前代所封爵號止稱會稽山之神每三歲制遣道士齎香帛致祭凡遇登極則遣官告祭灾眚則以祈禱祭每歲則有司以春秋二仲月祭後禹陵一日

【田】一百二十九畝七分三毫【地】六十四畝一釐六毫【山】三百三十二畝六分五釐二毫共五百一十六畝四分二釐

明洪武二年勑祀記命其官張本致祭本作記曰洪武二年春正月羣臣來朝皇帝若曰朕自起義臨濠率衆渡江宅于金陵每獲城池必祭其境內山川罔敢或怠邇者命將出師中原底平嶽瀆海鎮悉在封域朕託 天地祖宗之

靈武功之成雖藉人力然山川之神實默相予况
自古帝王之有天下莫不祀秩尊崇朕曷敢違于
是親選敦樸廉絜之臣賜以衣冠俾齋沐端肅以
俟遂以正月十五日受祝幣而遣焉臣本承詔將
事惟謹正月二十八日祭于祠下威靈歆格祀事
孔明蓍石鐫文用垂悠久惟神豐隆磅礴靜主炎
方典禮既崇綱維斯在尚祈保安境土而福澤生
民是我聖天子之望于神明者而亦神明祚我邦
家之靈驗也臣張本記三年詔自有元失馭羣英
鼎沸士宇分裂聲教不同朕奮起布衣以安民爲
念訓將練兵平定天下大統以正永惟爲治之道
必本于禮考諸祀典如五嶽四鎮四海四瀆之封
起自唐世崇名美號歷代有加在朕思之則有不
然夫嶽鎮海瀆皆高山廣水自天地開闢以至于
今英靈之氣萃而爲神必皆受命于上帝幽微莫
測豈國家封號之所可加瀆禮不經莫此爲甚至
如忠臣烈士雖可加以封號亦惟當時爲宜夫禮
所以明神人正名分不可以僭差今命依古定制

凡嶽鎮海瀆並去其前代所封名號止以山水本名稱其神郡縣城隍神號一體改正歷代忠臣烈士亦依當時初封以爲實號後世溢美之稱皆與革去其孔子明先王之要道爲天下師以濟後世非有功于一方一時者可比所有封爵宜仍其舊庶幾神人之際名正言順于理爲當用稱朕以禮祀神之意故茲詔示咸使聞之（登極祭文）洪武四年皇帝遣臣致祭于南鎮會稽山之神惟神表正南土奠安民物參贊之功國有賴焉茲于嗣位之初特用祭告神其歆格尚饗（宣德元年）惟神毓秀鍾靈鎮茲南土奠安之功民物允賴茲予復正大統祇嚴祀典惟神歆格永祐家邦尚饗（正統元年）惟神奠茲南土民物育生允賴神化予嗣承大統祇嚴祀典惟神歆格永祐羣生尚饗（景泰文同）（成化元年）惟神功參造化永鎮南土奠安民物萬世永賴茲承大統謹用祭告神其歆鑒祐我國家尚饗（弘治正德嘉靖元年文並同）（災眚祈禱文）（宣德十年）予新嗣祖宗大位統理下民夙夜惓惓養民

爲務尚祈神靈陰隆助相雨暘時順災沴不生百穀用成民用康濟國家清泰永賴神休謹以香帛達于至誠惟神鑒格尚饗〔正統二年〕朕祗御下民永懷保恤百穀長育惟茲厥時顯冀神靈時隆敷佑無災無沴時雨時暘作歲豐穰以穀黎庶尚饗〔正統九年〕予奉天育民愧涼于德致茲久旱災及羣生夙夜省愆中心惓切神司方鎮憂憫諒同雨農以時宜任其責特茲祭禱尚冀感通弘布甘霖用臻豐稔匪予之惠時乃神休尚饗〔正統十年〕國家崇重方鎮歲嚴秩祀所期默運神化庇祐生民邇者浙江台州寧波紹興府縣沴氣爲災時疫大作死者相枕病者無已聞之惻然深咎于衷惟神表貧茲土民所倚賴覩茲災沴能不究心茲特遣官賫香帛以告于神尚冀體上帝好生之心鑒朕憫元元之意弘闡威靈禦災捍患民物獲生全之福神亦享無窮之祀尚饗〔景泰六年〕恭承大命重付渺躬民社所依災祥攸係志恒內省政每外乖或寒燠愆期或雨暘踰度田疇失利麥穀不登憂

切民心妨及國計水旱疾疫疊見此方飢饉流亾
荐臻累歲究推所自良有在茲因咎致灾圖朕躬
罔避而轉殃爲福功孰與鈞特用懇祈幸副懸望
謹告（成化十三年）國家敬奉神明聿嚴祠祀所期
默運化機庇祐民庶乃近歲以來或天時不順地
道不寧或雷電失常雨暘爽候或妖孽間作疫癘
交行遠近人民頻遭飢饉流離困苦痛何可言邇
者山陰又有雨血之異惕然于衷罔知攸措惟神
奠鎮一方民所恃賴覩此灾沴能不究心是用特
具香帛遣官祭告尚冀體上帝好生之心鑒于憂
憫元元之意斡旋造化弘闡威靈捍灾禦患變禍
爲福庶幾民生獲遂享報無窮惟神鑒之謹告（成
化二十年）朕承祖宗大統餘二十年而于奉神子
民之道未嘗敢忽何去年至冬雨雪全無方今春
首京師地震遊麥無收成之望士民懷艱窘之憂
惟神毓秀鍾靈表鎮南土覩此灾沴能無究心今
特遣人敬賫香帛虔告于神尚期默運神機參贊
化育俾陰陽順序風雨以時四維寧靜黎庶安康

神之享祀亦無窮矣尚饗（弘治六年）伏自去冬無雪今春少雨田家未能播種黎庶實切憂惶于甚兢惕因自側身循省虔致禱祈惟神矜憫下民斡旋大旱造沛甘澤以滋禾稼以濟民艱庶民有豐稔之休神亦享無窮之報謹告（正德六年）去歲以來寧夏作孽命官致討逆黨就擒内變肅清中外底定匪承洪祐曷克臻兹因循至今未申告謝屬者四方多事水旱相仍飢莩載途人民困苦盗賊嘯聚勦捕未平循省咎由良深兢惕伏望神慈照鑒幽贊化機灾沴潛消休祥協應佑我國家永庇生民謹告（萬曆泰昌天啓崇禎登極俱有詔

皇清遣官致祭文）

順治八年歲次辛卯六月丁未朔越七日癸丑

皇帝遣翰林院提督四譯館太常寺少卿孫延銓致祭于南鎮會稽山之神曰惟神秀競千巖靈鍾萬壑帶江襟海育物福民朕統御寰中爰脩祀典昭兹殷薦衛我南藩尚饗

順治十八年歲次辛丑　月二十六日

皇帝遣刑部左侍郎李敬致祭于南鎮會稽山之神
曰惟神秀毓千巖靈鍾萬壑帶江襟海育物福民
朕誕膺
天命祇荷神庥特遣專官用伸殷薦惟神鑒焉
康熙六年歲次丁未八月十七日
皇帝遣刑部右侍郎王清致祭于南鎮會稽山之神
曰惟神秀毓千巖靈鍾萬壑帶江襟海育物福民
朕躬覲政務祇荷神庥特遣專官用伸殷薦惟神
鑒焉 ○宋崇寧間脩廟（王資深記）自帝畿東南至于海名山以百數而會稽爲大禹會諸侯計功于此而周官職方氏東南曰揚州其山鎮曰會稽則會稽一方之鎮而永興公其神也神祠在山門隋開皇十五年置其廡下有碣洗而讀之唐貞元九年皇甫刺史建廟有孟簡文在碣之陰又得大中祥符二年碣詔因茅山封內厲禁不嚴下轉運司戒諸靈祠刻四至以謹侵盜廟廣四十五丈南北二百五十丈門序堂序凡四十一楹景祐四年樞密直學士蔣堂重建元祐五年龍圖閣待制錢勰

舊傾頹深以崇寧四年孟夏到官棟折梁摧貌象
弊屋漏深欲事事適秋九月詔天下祠祀必葺乃出
官錢五萬有進士諸葛惟穎出錢五十萬諸葛材
又勸十萬錢于是鳩工庀材于艮命會稽縣
尉宋之珍董其事自十月七日至明年二月九日
廟凡百二十有二日越十有二日乙丑知軍州承
議郎充顯謨閣待制王資深知會稽縣事朝奉郎
吳絛拜謁告成因書于石〔元至大二年修廟鄧文
原記〕周官職方氏辨九州之國東南曰揚州其山
鎮曰會稽鎮山各長其方貴莫與並而會稽次居
先亦若傳志所載南海神在北東西三神河伯之
上先王叙秩常祀固自有旨哉地主靜故物生而
不息鎮山因地之厚而相其成功在人則方伯宣
仁風敦政本俾民阜康而不知所利由是道也按
虞帝巡狩則望祀山川乘輿所經歲周四嶽雖古
者省方設教禮崇易簡然而道里遼廓涉時寒燠
聖人之于民亦已勤矣自巡狩道廢而望祀僅以
名存歷世隆汚益昧原本秦漢肇興五時旁禮八

神諸君碧鷄壽星太乙神君武彝莫不有祠禁方
秘祝異説交集祈禳雩禜降及厲淫先王之理天
下所以存誠贊化乎格神明者其道隱而彌彰夫
山林川谷丘陵能出雲爲風雨者禮皆列諸百神
而况名山具瞻奠鎮下土利澤周施其重豈直禦
勤事定國禦災捍患者倫稽古盛際因鎮咸在封
域之內分合世殊政教弗通神或匱祀聖元肇運
武戡亂略德懋好生天人順應萬方臣服自昔車
書會同之盛未有窺其涯際者也文治脩明中外
禔福則又懷柔百神示民禮秩益延景命惟東南
控帶江海層岡峭嶺圭立屏峙莫可殫狀而會稽
山之秀崒無倫明靈所司又隋唐暨宋祝號祭式
公王次升大德己亥詔尊南鎮會稽山爲昭德順
應王與嶽瀆同祀使者肅將牲醑芳潔籩豆靜嘉
然而象飾弗嚴梁題棟撓庭宇榛穢阼階祼薦室
不稱儀越十有一年爲至大己酉嘉議大夫臣朵
兒赤來守兹土進謁祠下顧視興慨曰守臣責在
藩宣事神訓民曷不欽厥事乃集羣議將大撤而

新之請于朝庸給緡錢二萬五千四百有奇邑里兢勸傾貲相役環林文石梓輸輦致甓斵旣備版幹具興殿宇閎阿巘翬巍赫表以重門翼以長廡齋廬靚深騰甍有所邦人士女禱祀會止闕亭飛閣可觀可憩環山繚溪若有風馬雲車肸蠁來役先是於越大饑道殣相望薦征振廩荒政存敷惠及理歲明年夏復旱臣朶兒赤禱之神得雨人謂神亦矜民易以誠感復有事于廟經度故址爲畝二十五有半因發地得石其識深廣北東西臨溪南直玉笥峯記以宋大中祥符之二年規舊加斥克弘厥規豈神之留寄告曉于人固如此哉考諸在昔常以立夏氣至揭虔祀事道迎發育天道無垠因時布令仁行于春禮繼炳文歲功序成物乃蕃息繼茲越土肇歸版圖于今幾四十載乃考歲比遣使皆爲民祈禱聖上纘承基緒申飭有司益嚴毖祀作昭禮洽上以法天之運而元臣碩輔同德協心迄底康乂東南庵倪陶冰皇風浸漑膏澤生聚教訓期于億萬世江浙行省平章政事臣

張閶等奏印南鎮廟成維麗宜有碑乞命儒臣爲文原爲文以昭來者制曰可臣謹再拜稽首願頌帝德且宣神功爰勒銘詩與茲山無極其詩曰巍哉東南萬山之藪孰殿茲土相其温厚先民有言山嶽配天體坤之載道合靜專峙茲會稽列巘環向鬱葱禹穴蔽虧秦望譬彼江海百谷是王禮隆昭示嘉薦苾芳奕奕新廟塗墍丹雘盪昏卽明闢隘從廓物既和止神亦宴娭靈斿肹飭賁然來思永其休嘉錫此南土豈惟南土九有伊祜惟皇縱聖惟臣弼諧神道大寧兆民允懷詩詠岡陵式揚壽祉儒臣作銘贊于天子（紇石烈希元頌曰）王祭四望嶽瀆山川至順建極憂民爲先上繩祖武欽若昊天小心翼翼終日乾乾遣使代祀南鎮王前惟神顧誠景況八埏雨暘時若禾稼盈田百物咸熙六氣節宣小民作頌天子萬年（唐之淳詩）惟昔作巨鎮此地壓荆揚計功自神禹望祀及秦皇焉陵任厚坤欽吸半炎方昔聞周祀典近者自隋唐器物及儀文制侔侯與王層宮列象設錯落丹青

光煙鬟夾霧縠出入人鬼傍嶂聚金碧氣樹多靈鳥翔寘寘象羣怪譪譪圖百祥飄飄紫蓋矗懆懆朱絲張不知誰爲助意乃感愚龐山川圖朗靈在德非馨香褻祠既靡用古典或可詳騁詞代巫祝自天祈降康（戴冠次韻詩）封山表州鎮會稽曰維揚望秩本虞舜建祠乃開皇越地盡南海巍然峙其方誰封永興公謬典始于唐宋亦承其訛加封更稱王冠冕森巍峩煥然生景光宮庭繞其後廊廡羅其旁棟宇如鳥革簷阿若翬翔人心自安誕神不私降祥瞻拜日已久愚民轉譸張皇明正天統欲民返淳龐百神自居歆至治成馨香妥號悉釐正品秩雅且詳子孫永勿替再欲頌成康（鎮廟田元泰定二年置韓性記）九州之鎮國重祀也東南之鎮曰會稽見于周官由漢以來咸謹祀事國家一海內遣使降香若金帛馳驛抵廟下一太牢祀守土之吏奔走承事惟謹廟在會稽東南十餘里無祝史之守尚方所錫藏之郡帑積無所用泰定乙丑金源王公克敬爲會稽守議買田以供廟

之用請于帥府從其請乃會計所藏得幣楮若干
白金爲鋌者若干爲香奩者若干斤而賣之又得
楮幣若干買旁近田一百七十畝有奇侯命列其
畝步刻之石使後有考侯之慮遠哉南鎮國重祀
廟之用度有司所當慮其最重者二焉古之祭祀
預備以示嚴神倉所以備粢盛也掌牧所以備牲
牷也祭祀之物具故臨時而不擾今南鎮歲事責
成有司有司集事則以犧牲粢盛取具臨時有不
能具則賦之民民以爲病一也漢祀嶽瀆始爲宮
室若廟祀制後以爲常今會稽之廟壯嚴靚深明
宮齋廬多至千礎歲歲脩繕勞民無已時委而不
脩必至頹圮而擾民滋甚二也今侯買田于廟貯
其租入中供祭祀以時脩繕至于香火之需祝史
之養皆出其中非獨致力于神其爲斯民計審矣
或謂一夫之田所入無幾用之不周猶之無益也
是不然天下之事莫難于創始今侯倡之于前繼
侯之理者願增益之足用而後已敬其明神民不
勞勤神之相依有利無害以稱國家崇明祀之意

此候之所望于後來也

夏禹王廟在縣東南一十三里 正殿七間 東西兩廡各七間 中門三間 欞星門三間 大門一間 宰牲房一所 空石亭一座嘉靖三年知府南大吉脩二十年知府張明道重脩 禹書碑亭一座碑字嘉靖中季本守長沙從嶽麓書院携歸知府張明道翻刻入石書奇古難辨 陵殿三間 石亭一間碑曰大禹陵 齋宿房一所 欞星門三間俱知府南大吉建(按越絶書禹始也憂民救水到大越上茅山大會計更名茅山曰會稽及其王也巡守大越因病殂落葬會稽而司馬遷之自序亦曰上會稽探禹穴則禹穴之在會稽也信矣獨懸空之處不可億知近嘉

靖中始爲閩人鄭善夫所定在廟南可數十步許知府南大吉信之遂立石刻大禹陵三字覆以亭且構室焉廟之建始于無餘祀禹之日至宋建隆二年詔先代帝王陵寢令所屬州縣還近戸守視其陵墓有隳毀者亦加脩葺四年詔給守夏禹陵五戸長吏春秋奉祀明洪武三年遣官訪歷代帝王陵寢令各行省臣同詣所在審視陵廟并其圖以進浙江行省進大禹陵廟圖九年詔令百步之內禁人樵採設陵戸二人有司督近陵人看守每三年傳制遣道士齎香帛致祭凡遇登極遣官告祭每歲祭則有司以春秋二仲月（明傳制祭文）洪武三年昔者奉天明命相繼爲君代天理物撫育黔黎彝倫攸叙井井繩繩至今承之生民多福思不忘報特遣使齎捧香帛命有司詣陵致祭惟帝英靈來歆來格尚饗（登極祭文）洪武四年皇帝遣臣致祭于大禹夏后氏之陵曰曩者有元失馭天下紛紜朕集衆平亂統一天下今已四年矣稽諸古典自堯舜繼天立極列聖相傳爲烝民主者陵

各有在雖去古千百餘載時君當脩祀之曠典百
神之祀故遣官齎牲醴奠祭脩陵君靈不昧尚惟
歆饗（宣德元年）惟王丕崇王道寧濟生民偉烈顯
謨光垂萬世予嗣承大統之初謹用祭告惟神昭
格祐我邦家尚饗（正統元年）惟王奠安海宇致治
之功民用永頼予嗣承大統祗嚴祭告用祈祐我
家國永底隆平尚饗（景泰文同）天順元年惟王平
治水土民物奠安功德之隆萬世永頼茲予復正
大位祗嚴祀事用祈祐我家邦永底康乂尚饗（成
化元年）惟王肇啓王業以家天下治水神功萬世
頼焉茲予祗承天序式脩明祀用祈鑒祐垂福我
邦家尚饗（弘治正德嘉靖隆慶萬曆文同）（春秋二
祭文）維王功加當時澤垂後世陵寢所在仰止益
虔

國朝遣官祭文（康熙七年歲次戊申戊午月壬戌朔
越廿五日）
皇帝謹遣鴻臚寺正卿加一級周之桂致祭于
夏禹王曰自古歷代帝王繼天立極

朕奉天眷紹纘丕基躬親庶政明禋肇脩敬
遣岳官代將牲帛用申殷薦惟神鑒焉

宋謝惠連祭文○咨聖繼天載誕英徽克明克哲知章知微運此宏謨卹彼民憂身勞五嶽形瘦九州呱呱弗顧虔虔是欽物貴尺璧我重寸陰乃錫元圭以告成功虞數既改夏德乃隆臨朝總政巡國覩風淹留稽嶺乃殂行宮恭司皇役敬屬庫融神息畧薦乃昭其忠

宋之問謁禹廟詩

夏王乘四載茲地發金符峻命終不易報功疇敢踰先驅總昌會後至伏靈誅玉帛空天下衣冠照海陽旋聞厭黃屋便道出蒼梧林表祠轉茂山阿井詎枯舟遷龍負壑田變鳥芸蕪舊物森如在天威肅未殊元𤨢届瑤席玉女侍清都奕奕閶闔邃軒軒仗衛趨氣清連曙海雲白洗春湖猨嘯有時答禽言常自呼靈歆異蒸糈至樂匪笙竽茅殿今不襲梅梁古製無運逢日崇麗業盛荅昭蘇伊昔力云盡而今功尚敷揆才非箭美精享愧生芻郡職昧為理拜空寧自誣下車霰已積攝事露行濡人隱冀多

祐曷難霑薄軀（宋諸葛興大禹陵頌）瞻越山兮鏡之東巒喬木兮岑叢倚青霞兮窆石枕碧流兮寶宮端巘晃兮穆穆列俎豆兮雍雍梅爲梁兮挾風雨倏而來兮忽而去芝產殿兮閒見橘垂庭兮猶古壁騰輝兮珪薦瑞書金簡兮緘石匱朝萬玉兮可想探靈文兮何秘嗟洚水兮横流民昏墊兮隱憂運大智兮無事錫鴻範兮敘疇身勞兮五嶽迹晝兮九州亶王心兮不矜迄四海兮歌謳猗聖宋兮中興駐翠蹕兮稽城獨懷勤兮曠代粲奎文兮日星揚旍兮拊鼓吳歈兮鄭舞奠桂酒兮蘭肴庶幾髣髴兮非食卑宮之遺矩（林景熙謁禹廟詩）萬國會朝會群山尚巒盤巖祠鎮元璧故代守黃冠窆入雲根石梁歸雨氣寒年年送春事來拂蘚碑看（鄧文原碑）僅得其詩曰浙河之東有山鬱蒼鎮于南土旄視祟崗昔帝會同圭璧斯皇翩其飈御若帝陟方若彼橋山兮劍是藏維時横流潰潰懷襄滔川靜谷成賦定疆帝躬菲惡兆民樂康鑄列鼎象謨訓範防功加九有道尊百王世嚴秋祀登

荐肅蔣牧臣有惕顧視榛荒乃堂乃構邃宇周墻吉蠲求享雲旆龍章繁帝貪育時厥雨暘物消疵癘蕆詠茨梁永祐皇圖儲慶發祥卽山勒石德遠彌光

元紹興路修廟韓性記

神禹之功與穹壤等高大九州之民耕田宅土遂其生育百世猶一日稱思報祀不能須臾忘也兄陵廟之所在乎皇覽曰禹冢在山陰會稽山上或疑夏都安邑視會稽猶要荒也其信然耶夫會稽古揚州之域禹蹟所奄而任土之所及不得與要荒比帝少康封庶子於會稽以奉守禹之祀則是禹陵在會稽之明証也因陵置廟不知所始酈道元曰會稽之山上有禹冢其下爲禹廟然則禹廟之在會稽舊矣今廟據南鎮之左鏡湖之上宮室鉅麗山川環拱閒失修營剝至頹圮及至大辛亥太守朶兒赤公葺而新之事具今國子祭酒鄧文原所爲碑文泰定甲子金原王公馬守謁廟下視其上漏旁濕梁桷闌朽儼然有修營之志會轉運判官董公淵按事會稽捐金以佐其費邑人相勸分事竭作五閱月而

畢工瓦甓榱比材木完好髹彤黝堊各中程式叅
老謦不廢下而俾性記其成之歲月愚謂神禹之
功百世猶一日修營其祠宇固出于民心然而領
在祠官則亦有司責也自至大辛亥至于今十有
四年耳已不能無待于修繕積十有四年之甓葺
至于百世之久廟屢修記屢成石之刻將無所容
何父老欲記之勤也雖然斯役也有不可不記者
人心思禹不能一日忘則葺其祠宇亦不可一日
廢也使後之人見其廢壞輒修營之不以久近爲
意則室宇之鉅麗與山川悠久可也王公以不擾
爲政勞費不及于民役興于一時而足爲法于後
世不可以勿記泰定乙丑孟春則畢工之歲月也
邑人之任其責者凡十人并勤其姓名于碑陰詩
曰天高地下人居其中以位以育神禹之功萬世
之思九州攸同況此會稽有冢有宫惟帝陟降惠
于下土一視同仁靡有方所祀德不構乃眷斯宇
廻風雲旂若帝來下有嚴祀典典職在有司儀象畢
陳以節歲時凡我邦人是報是祈鱗尾垣楹企于

新祠有蛇飛梁有華瘗璧高岡巍巍乎湖如拭廟祀之隆與天無極創新有時攷此貞石（唐之淳詩）昔在帝堯時洪水滔天流鯀功既不竟微禹吾其憂禹敷下土方乃至于南州維南有會稽玉帛朝諸侯少康封庶子衣冠閟山丘遂令築祠宮俎豆嚴之幽云何末代下有穴肆探求明明太史公秉筆欺吾儔豈知大聖人天地同去留厥言在洪範箕子授成周衣裳食息際莫匪蒙靈庥皇皇古叢祠祀典明且修空梁詭龍變亦足爲神羞（戴冠次韻詩）鯀父殛羽山甚彼共工流豈敢仇帝誅但當爲民憂疏導凡八年經營分九州一旦陟元后萬國來諸侯執中授虞舜無間稱孔丘南巡至會稽龍逝江波幽灸歸竟成讖兮劍不可求元圭告成功萬世無與儔窆石隱古篆遺跡今尚留寢殿面山阿墓木羅道周三年薦香帛皇明仰神庥國祚綿無窮祀事亦孔修我來從郡吏紛拜陳芳羞（明李東陽詩）江南禹穴奇天下司馬文章實似之頗憶江山有神助瀟窓風雨坐題詩（鄭善夫詩）脫屣

行探禹穴靈萬年鴻寶秘丹扃梅梁空石空山裏猶見虞廷舊典型（周祚詩）禹廟千峯側城南亂樹生黃扉消水恠白日走山精滾滾江河下遙遙碣石傾龍蛇萬里外群后仰垂成（馬明衡詩）夏王陵廟垂今古野客孤懷萬里開海上青氣迷玉帛山空白日走風雷清時喜見神龜出絕代誰憐司馬才欲訪藏書問何處千峯雨色送高杯（汪應軫詩）禹穴冥迷惟有廟龍蛇古室空山開玉笥沉沉深歲月梅梁隱隱動雲雷支祁不鎖千年足魚鼈會典萬國哀海色江聲作風雨蒼梧歸客共吟盃（陳隺宴集禹廟詩）十年相望路猶迷一夜逢君鑑水西花下長歌燈屢換簾前話久月初低稽山雨後晴雲出禹廟春深墓艸齊萬里為官向巴峽思家莫聽嶺猿啼（徐渭詩）年來只讀景純書此日登臨似啟予臺罷桓碑猶豎卯封完玉字不通魚楊梅樹下人誰解菡萏鬚中氣所居卽遣子長重到此不過探勝

立須

附禹穴諸疑

唐杜甫詩禹廟空山裏秋風落日斜荒庭垂橘柚古屋畫龍蛇雲氣生虛壁江聲走白沙早知乘四載疏鑿控三巴此蜀中禹廟詩也韓愈送惠上人詩常聞禹穴奇東去窺甌閩越俗不好古留傳失其眞李本詩老攝何緣更遠遊誰將龍蛻寄荒丘揚州治水三江盡方嶽觀民一歲週豈暇舟車窮越海却煩玉帛會蠻陬無餘孫子多王覇窆之石遺踪不足求鄭善夫禹穴記禹穴在會稽山陰昔黃帝藏書處也禹治水至稽山得黃帝水經于穴中按而行之而後水土平故曰禹穴世莫詳其處或曰卽今陽明洞是也又曰禹既平水土會諸侯稽功于此山尋崩遂瘞于會稽之陰故山曰會稽穴曰禹穴至今窆石尚存或然也後二千餘年而司馬遷氏來探書禹穴歸而作史記文章煥然爲百代冠說者謂是山川之助也又後千餘年而晋安鄭善夫氏及山陰朱君節王君琥氏來復探禹穴尋黃帝藏書處乃龎梅梁摩挲窆石覩先聖王遺像得禹穴于非井之上

徘徊瞻眺想其甲宮而菲食爲之喟然興懷又想其執中用智與皐夔稷卨之爲臣又爲之憮然自失也夫自禹跡以後三千年間遊者不知其幾萬而惟司馬氏顯此山川之能發爲文章亦惟司馬氏夫三千年而僅得一人於山川顧止以文章顯何哉豈山川之能僅足以煥人文章耶世有不爲文章者於山川何取也自昔至人見轉蓬而造車覩遊魚而造舟得河圖而成卦因洛書而作範咸取諸物也子在川上曰逝者如斯夫不舍晝夜余乃今知所取于山川矣禮登高而賦余未能賦姑記余言如此云

虞舜廟在縣東南一百里二十一都太平鄉舜山之陽【述異記】會稽山有虞舜巡狩臺下有望陵祠【路史】舜庶子七人主胡負遂盧蒲衛甄潘饒番傳鄒息有胡母轅餘姚上虞濮陽餘虞西虞無錫巴陵衡山長沙皆其裔也主胡等並國名見路史【國

名記古者帝王封子弟多於踈遠如有庳可知夫餘姚上虞始皆會稽地舜之庶子封此後裔守此而以舜名其山川井田以識不忘且表見其先德殆人情與陸游詩雲斷蒼梧竟不歸江邊古廟鎖朱扉山川不爲興亡改風月應憐感慨非孤枕有時鶯喚夢斜風無賴客添衣千年回首消磨盡輸與漁舟送落暉林景熙詩聲斷薰絃萬壑幽三千年事水空流衰衣剝落星辰古郊野淒凉鹿豕秋孝友風微惟故井神明胄冷尚荒丘九疑回首孤雲遠老淚班班楚竹愁

孟廟在縣東南二里羅漢橋南宋時孟子四十七世孫孟忠厚知紹興府事建廟臥龍山麓日久頹廢無存　順治十八年辛丑六十四世孫孟稱舜呈明縣府道捨其父孟應麟遺宅爲廟後被住兵殘毀復呈督撫捐助脩復免其戶田供脩備祀勒石永垂不朽

曹娥廟初屬上虞後改隸會稽在縣東九十二里

漢元嘉元年上虞長度尚爲石碑屬魏朗作碑文久之未就時尚弟子邯鄲淳年二十聰明才贍而未知名乃令作之揮筆輒就曰孝女者曹盱之女也其先與周同祖末胄荒落爰茲適居盱能撫節按歌婆娑樂神以漢安二年五月五日迎伍君逆濤而上爲水所淹不得其屍時娥年十四號慕思盱哀吟澤畔旬有七日遂投江死經五日抱父屍出以漢安迄於元嘉元年青龍辛卯莫之有表度尚設祭以誄之詞曰伊唯孝女曄曄之姿偏其反而令色孔儀窈窕淑女巧笑倩兮宜其家室在洽之陽大禮未施嗟喪慈父彼蒼伊何無父孰怙訴神告哀赴江永號視死如歸是以眇然輕絕投入沙泥翩翩孝女載沉載浮或在洲渚或在中流或趨湍瀨或逐波濤千夫失聲悼痛萬餘觀者塡道雲集路衢泣淚掩涕驚動國都是以哀姜哭市杞崩城隅或有尅面引鏡剺耳用刀坐臺待水抱樹而燒於乎孝女德茂此儔何者大國防禮自修豈况庶賤路屋艸茅不扶自植不斲自彫越梁過宋

比之有殊衰此貞厲千載不渝於乎哀哉辭曰名
勒金石質之乾坤歲數歷祀立廟起墳光于后土
顯照帝夫人生賤死貴利之義門何悵華落飄零蚤
分葩艷窈窕永世配神若堯二女爲湘夫人自效
髣髴以昭後昆郎至尚以示之朗大嘆服蔡邕聞
之來觀値夜以手摸其文而讀之題曰黄絹幼婦
外孫虀臼又曰三百年後碑當墮欲墮不墮逢王
匡後魏武帝見之謂楊修曰解否曰已解曰卿未
可言待我思之行三十里而驗乃令修解之修曰
黄絹色絲也幼婦少女也外孫女之子也虀臼受
辛也蓋曰絶妙好辭曰吾亦意此但有智無智較
三十里碑有王右軍所書小字新定吳茂先嘗刻
於廟中後爲好事者持去宋熙寧十年著在祀典
大觀四年封靈孝夫人政和五年高麗人來貢借
潮而應加封昭順熙寧中皇子魏王判明州亦借
潮而應淳祐六年復加加封純懿且封其父爲和應
侯母爲慶善夫人墓在廟旁其上雙檜甚古其前
有亭匾之曰雙檜後毀於風嘉定十七年郡守汪

綱復建亭于舊址疊石廟前爲堤七十丈幷建娥父曹府君及朱娥祠堂娥亦上虞人十歲救祖母被佽所殺立廟俗呼爲救婆廟建熈十年會稽令董楷以娥配享曹娥明初山陰人諸娥年八歲白父寃詣闕臥釘板劌重而殞詔撫劉以娥同朱娥配享曹娥廟知府南大吉會修廓之以紹興合郡歷代烈女設位於東西兩廡以時從祀（王十朋詩）慟哭無尋處投江竟得屍風高列女傳名重外孫碑荒艸沒孤塚洪濤春古祠懷沙爲誰死翻愧是男兒（韓性歌）承荃橈兮桂舟弭靈旗兮中流望四山兮何所抉朝暘兮上浮玉笄兮瓊珮馭青蛇兮雲之外采杜若兮江皐芳菲菲兮未沫潭不極兮海門餞夕景兮江濆吹參差兮優舞馳玉軑兮續紛雷塡塡兮拊鼓儈陰陰兮靈雨波漻漻兮安流神樂康兮終古（元楊維禎辭）曰昔湘纍之徇國兮甘以死而傷生身雖殞而心不懲兮同楚壄爲國殤夫何娥之耿軀兮亦前修之允蹈彼忘死以爲貞兮茲捐軀以爲孝惟娥之烈烈兮曾稚年之未

並當吾父之善泅兮習婆娑以戲陽侯忽其不仁兮哀層波之墊溺娥呱呱以哀鳴兮旬七日而罔食扣龍之宮不得其屍兮化精衛而莫爲力儼見父於重淵兮奮輕身於踊躍於乎惟仁足以殘肌兮剛足以固志誠足以開金石兮孝足以動乎天地風濤爲之折裂兮蛟鼉爲之四奔抱父屍以卽出兮儼膚髮之猶存譟江頭之長老兮泣孤舟之過客抱遺骸以致告兮異鮑生之刻木嬙完父於傷魄兮娟代父於醉津緹縈氏之上言兮除肉刑於特恩曰予中人之可企兮匪抜俗而絕倫嗟娥之爲教兮習絺葛以爲紅豈師傅之夙詔兮誦烈女之遺風惟純誠之天出兮奮百代而獨立宜廟貌之永存兮表雙阡於江邑迨元嘉之元祀兮得賢長於入厨屬邯鄲以秉筆兮樹穹石於龜趺迨古雅以述作兮比西京以莫踰探石陰之旌語兮信贊美其非譽夫何後宗人之孟德兮過靈祠以駐馬摩道旁之殘碑兮感外孫與幼婦三十里之較智兮曾何足以爲師昧綱常之大節兮潔長短

之廖辭彼小兒之舐犢兮又何尤於德祖酌大江以爲酒兮攬江花以爲脯些英英之孝娥兮及皇皇之牖甫彼王將其可奪兮勁吾衷其莫禦顧激清流於東江兮洗遺汚於鄰土嗚呼銅雀麋西陵狐鼠耿孝魂之長存兮照江月於千古（王蘊文詩）地以曹娥號名應萬古開魂浮滄海月愁結墓山雲風檜號荒塚陰苔蝕篆文予親恩莫報淹淚拜夫人（翁逢龍詩）再拜靈娥廟魂清若可招幡風吹古渡帆月落殘潮碑有行人讀香多遠客燒迎神漢朝曲時聽起雲霄（又）何朝無朽骨此地尚清陰塚上獨根樹江邊孤女心化錢燒石爍落葉積泥深長有英靈在風平烟浪沉（僧元昉詩）祠古孝誠遙悲風想暮號月魂迷艸色血淚濺江濤斷碣維黃絹孤墳掩綠蒿千年暗潮水亦以姓爲曹（胡楷詩）晝識曹娥孝當知度尚賢廟庭增舊築文字巳新鐫朱范誠冝配王樓許共傳江山送行客靈爽定依然（明唐之淳詩）熒熒冶中金皦皦匣內珎至性有本然不蘭而自薰孌孌曹盱女年纔十

四春盱也性善泅按歌而樂神一朝溺不出女痛泣蒼旻陽侯不我仁魂去屍長湮求之旬七日自下從其親如彼蛩蛩獸負之而自臻孝誠貫金石縱死志反申鄉人嘆且異奔走集其墳滔滔江水傷塚樹上干雲灑掃禮不缺千秋同一晨緬懷河女章歌以侑精禋戴冠次韻詩曹家有孝女愛若掌上珍終日在閨房羅衣常自薰一朝聞父溺慟損雙蛾春綠江走旬餘痛哭傷精神湧身入深淵英魂徹秋旻江以曹娥名江塞名不湮愧彼儒者流紛紛負君親愛此弱質女不學理自臻廟食孝已旌身死情已申我來慕忠孝陪祀拜孤墳抵祠已向夕落日沉寒雲持燭愛古碑夜讀不俟晨更愛小朱娥垂髫配明禋鄭善夫詩東關東偏曹娥碑今古流傳絕妙詞洪濤駭浪翻滄海要識人間孝女祠楊基詩孝娥有廟臨江側我一登臨倍感傷舊卷尚存唐翰墨斷碑猶刻漢文章日移檜影當堦落風捲濤聲入座涼黄絹只今遺古蹟令人翻憶蔡中郎王稺登詩會稽逢夏至朝日散群峯

問路有千里渡江非一重空山祠粉黛荒塚埜芙蓉寂寞無人問尋碑憶蔡邕（徐渭詩）曹娥十四歲長江神去迢迢萬里長精衛至今仇渤澥子胥豈只怒錢塘一江魚鼈浮屍出八尺龜螭臥絹黃總爲金釵收正氣可憐梟獍繞爺娘（傳實詩）昔讀邯鄲碑次識中郎篆但聞孝女名不見孝女面今來瞻廟貌芳規肅庭院我心欽女容彷彿波中見山光歛黛蕉肩江聲走飛電江山有日改孝心何時變父塚艸常青娥名千古美及今滄海上月明淚如霰（楊鶴哭娥詩）小引余行部越中見忠臣孝子遺廟未嘗不低徊久之或遂欷歔流涕興哀墟墓之際亦不自知其所以然也夏五發山陰半日抵曹娥江肅衣冠入謁娥廟再瞻荒墳夕水之奠未戒從者仰視几筵榱桷殆不勝情問廟中道士香火何狀廟貌有何宜事修葺道士具以寔對觧纜將發爲題數語付之捐二千錢佐費舟中爲哭娥詩一首以不倫禮故用自懺悔狄梁公毀滛祠惟夏禹吳太伯季札伍員四廟不廢忠孝之在人心千

百年如一日也余在武林令人修于忠肅公廟繚之與哭孝娥同意但使人人皆爲忠臣孝子吾心快矣嗚呼江流有聲孝娥之血緯約女子心肝似鐵千呼萬叫一往引決前抱父頸娥腸寸裂江神不仁作兒女孽我來哭娥殘碑斷碣如聞隴水嗚嗚咽咽木怨風號迴濤捲雪忠臣孝子萬古不滅豈有七尺之男兒不如十四之女

節詩阿嬌輕軀命鰲背恣橫行魑魅愁相顧魚龍宿亦驚蕩舟非蔡女佽孝勝緹縈鬼母啾啾夜江天帶血聲又殷尾生芳艸江花冷白蘋眼看殉穴女羞殺浣沙人魚服留青塚蛾眉寄水濱莫令巾幗辱空作丈夫身○再建于東郭門内董念陛對緹縈伏闕君心可追爭似逆流以呼漢代于今垂宇宙重華浚井父命難違孰若隨衣而沒虞江從此靖波濤

旌忠廟在縣南三里宋越州守臣傅崧卿建以祀唐琦者琦開封人宋衛士也建炎四年金兵破杭入越守臣李鄴以城降金帥兀朮遣其將琶八與鄴同鎮越時康王至明州琦

不得從會金將與鄭並騎出琦乃懷巨磚欲邀擊之復疑從騎衆恐不克顧視道旁有小閣力趣其上俯見二人馬即奮磚擊之不中從騎群至遂執以歸金將詰之琦大罵曰吾欲碎汝腦作趙官家鬼金將曰金兵數百萬汝殺我二人何益曰汝敢來爲此州王故欲殺汝又顧鄭曰我請官一石五斗米尚不肯負汝受國恩何如所爲乃爾豈人類耶金將令引去害之及金兵退嵩卿來爲會稽帥乃爲廟祀之且以其事聞請賜廟額未報會嵩卿以疾請去郡詔移婺州乃爲文祭之後帥陳汝錫再請詔賜額曰旌忠隆興間帥吳芾增修之元至正十六年推官貢師泰重修夏泰亨記明令有司春秋致祭天順七年知府彭誼重修韓陽記傳嵩卿祭文王十朋詩國家往往艱難中縉紳節義掃地空靖康有一忠愍公建炎獨有唐侯忠唐侯爵位何曾隆身居行伍儕羅熊平生經史漫未遍嚴霜烈日蘊在衷憤然一奮不顧躬太尉奪笏嗟匆匆子房鐵椎計已窮張巡就縛氣尚雄杲卿罵解

罵未終忠血義肉塗地紅烈氣英魂薄蒼穹事驚朝野聞帝聰立廟旌忠浙江東睢陽雙廟同高風名書青史等岱嵩當時開門誰納[redacted]遺臭千古如蝡蟲

錢王廟

在縣南唐長興三年吳越王錢鏐薨後二年嗣王建廟於越基甚閎壯歲久傾圮宋末僅餘四楹元物爲蔬圃明嘉靖十六年知府湯紹恩重建左布樹坊匾曰七朝忠孝日三世勳名內祀忠武肅王鏐文穆王元瓘忠獻王佐忠遜王倧忠懿王俶唐丞相皮光業銘崧高嶙峋是生哲人天生獅子澤出麒麟衣冠表裏文武經綸廣運將新大盜斯起紫蓋蒙塵黄巾多壘既歎憲章又裂文軌武肅英王提劍東方龍行雲雨虎變文章洗滌星紀整頓天常告功彤庭圖形麟閣三道犀幢入朝鳳幄丹券家門錦衣城郭六瑞瑑章三品鑄符尚父四履尚書萬樞巃峨高壽顯赫霸圖我王奉天爲時而出國士無雙鳳毛第一創樹平成夢禾授秩功既挺世德又動天襲對二冊

嗣位三年忠無瑕纇孝絕雕鎸朱梳墨線乃建清
廟卧龍之東會稽之要嵐界迴廊粉明周繚廣殿
露開重門嶽峭瑞玉禮器香櫝聖容民之祀王我
之神宗然蕭幡辟寘幣輪琮於穆祠宮煥焉陰府
五齊恒馨六佾常舞飾薦房烝歌躋露鼓令子懿
孫光今顯古明唐之淳詩錢氏在唐季遵養知顯
晦念昔龍虎爭王當風雲會八都如指掌千里入
封內據雖不得所厥志亦閎大有國六十秋綿延
更五代及乎周鼎移卷甲事朝對末塗未歆側後
世蒙永賴此邦有遺廟堂陛日微隘巍巍王者服
嗣王儼相配神明縹緲間故老多再拜蒼松久無
憑柯葉日夜壞及暮風冷然堆圖竟焉在戴冠次
韻甚哉天人際斯理亦微晦英豪艸竊生各各有
機會黑髦盜販徒崛起王侯內東西跨千里封疆
亦已大鐵券恕九死玉冊傳四代襲封凡五朝
恩榮無與對骨相應天象孰云少無賴鬭王舊有
祠奉禮寬不隘祀事久已缺昭穆空相配所喜無
逆節我見當再拜今爲瓦礫區土像亦崩壞不[illegible]

唐將軍廟貌鎮長在（王穉登詩）玉帶龍衣貌宛然朱門碧殿越山邊行人下馬看碑字高柳藏鴉拂廟壖禾黍故都州十四波濤殘岸弩三千傷心一片嵩山地月色潮聲更可憐

馬太守廟在縣南三里

太守名臻字叔荐築鏡湖遺利於越唐開元中刺史張楚嘆其功利及民之久始立祠湖旁元和九年觀察使孟簡復恢大之（諸葛興頌）書畀姒兮力淸漁民奠居兮勤稼穡降嬴劉兮言利嘉鄭渠兮夸鄭國慨元光兮瓠子決彼鄮封兮河之北卓一言兮貽時害誘天事兮非人才昔越守兮得賢慮久遠兮爲民謀鏡一湖兮陂萬頃備瀦泄兮歲有秋寧殺身兮利人仰洙泗兮稱仁嗟後來兮私已邸吾湖兮寢湮湖之復兮疇繼侯之心兮萬世酌淸流兮擷蘭芷奉明薦兮非昵祀（王十朋詩）會稽疏鑿自東都太守功從禹後無能使越人懷舊德至今廟食賀家湖（徐天祐詩）滄湖昔在鏡中行總是當時畚揷成莫訝靈祠荒薜合烟波萬頃已春耕

孔府君廟在縣南二十五里世傳孔愉少有嘉遯意嘗獨寢高歌遊歷名山自稱孔郎鄉人謂其有道爲之立祠甚靈

陳朝公主廟在縣東八十五里

嚴司徒廟在縣東三十五里陶家堰相傳云漢司徒助也

典善將軍廟在縣東四十里白塔吳越忠懿王建

鄭太尉廟在縣東南一十五里樵風徑華鎮詩并序鄭相起樵風用郡守第五倫薦致位三公與倫並列可謂盛矣祠宇之下至今猶有風朝南暮北○鳴玉鏘金漢上公當年榮與舊君同故山廟食千秋後來徃猶乘旦暮風

的耳潭龍王廟在縣東北一十里

防風廟在縣東北二十里馬山相傳禹戮防風氏於會稽其後越築城得專車之骨徙𡐿于此按史記越墮會稽得骨節專車吳使使問仲尼骨何者最大仲尼曰禹致群神于會稽防風氏後至禹戮之其節專車此爲最大矣

樊將軍廟在縣東三十里

青山廟在青山下舊名狀虎大王廟今遷攢宮神路側

顯應廟在攢宮季本記按祭法法施于民則祀之以死勤事則祀之以勞定國則祀之能禦大災捍大患則祀之非是族也不在祀典祀典不載謂之淫祠然山谷倜夫食貧守正後巳急人義孚鄉里雖名姓不登于史冊行能不表于有司而生爲善士死爲名神民有祈禱無不響應此其平生正氣凜凜如存而鄉人追思安能不歲時祟祀耶況後世鄉社禮廢鄉先生無復有沒而

配祭者則其不壇而廟由義起之禮哉先王以此教民敬畏亦必順其俗而不拂其情矣會稽上亭鄉上許里爲攢宮攢宮之西踰泰寧橋爲湯瓶山舊有郭太尉廟予祖世家攢宮少時族里中故老猶有存者嘗詢得其由矣公諱紹以行稱紹一父顯本山陰牛頭山人贅攢宮包翁之女生公及震而包無後遂以震承包宗震子夏夏是爲包夏公亦無子復以夏爲公嗣後亦尋絕公生于元至元六年四月八日卒于永樂二年之七月二十七日享年六十初葬宋陵宮基之側後以地在禁內遷於今所郎公所居包氏舊址也公性質直有義氣鄉閭有危急事以身先之不求其報家貧以樵爲生毫髮不苟取每至深山窮谷穿虎豹之群了無恐怖或徧歷二十四岡時憩息焉輒夢與神會既覺質所見聞無不符合及卒常依人言禍福歷歷皆有明徵鄉人異之故水旱疾疫必致禱焉禱即有應正統間鄧茂七之反沙尤也浙帥蕭華領杭越諸郡兵從往征討師次山巒間水絕公至自言報効

日汲供炊軍無告渴問其名則曰我攢宮郭紹一也及事平歸詢始知爲神蕭乃移檄紹興欲爲奏請加封封號事不果行民間聞之則皆喧傳公已勅封矣爭先踴躍立廟而太尉者古掌兵之職也神具有威靈因尊稱爲郭太尉云然太尉尊官自秦漢及元皆列于三公非庶人所得僭稱者况矯殺以爲勅封乎以故仕兹土者輒指爲淫祠欲按狄梁公故事時則或假夢以曜靈或驅虎以驚衆父老具言其神異廟因得不毁嘉靖丙午之冬士人欲新公廟而余適至謂勅封太尉之稱于禮非宜乃議易爲佑民顯應之廟鄉人士相率請卜于公公告之吉可以見其心之安於正矣夫公一鄉之善士也禦災捍患之功雖未能及天下而一鄉蒙惠賴公捍禦寔多宜鄉人之不忘報祀也况其神未盡則其廟宜存此理之不可誣也故余脩述公之行實與夫立廟之由而繫之辭曰會稽之東爰有攢宮靈氣所種寔生郭公郭公之生其心正直朝樵暮歸惟以食力義先人急不私其身人亦有

言宣者爲神凡民所憂水旱疾疫有禱于神立昭
禍福或顯於迹或降于言厥靈孔應民以弗諼祭
則萃人廟則依基雖
無子孫庶幾永思

弘治中有老人自禹廟歸言
遇神事甚異知縣陳堯齋爲

徐相公廟 在縣學西

立碑于廟而神少時嘗役于獄獄亦祀神其後徐
渭被繫復爲文以碑之碑曰神姓徐名龍佛世鳳
陽人宋端平三年三月十三日生當父官會稽學
時嘗從道上拾雞卵服之得白雞以鬬莫有敵者
父母僧其俠遂去家爲縣獄長未幾改行讀書歸
事其父母以孝聞歿而爲神至動人主咸淳三年
詔封神白衣頂聖神越人爭奉之天順成化間再
拓其居於故所稱學西鬬雞場所至弘治初乃有
沈潤王世威事潤曰我嘗夜半膠舟淺水鬼火禁
逵忽失楫我迷怖號神忽聞空鷄遂獲楫以歸世
威曰我爲老人隨祭南鎮夜歸忽一白衣告虎至
已而果赤虎至我怖不能號白衣詫虎虎去翼我

以歸及別問爲誰曰老父會稽學西徐姓者也於是衆益趨信始請鄉先生陸建寧記於石而獄有象以祠神神之迹顧漫不知也某繫之六年始刪定建寧記復碑于此而舉其義曰今世之祠神者固以神神也至問其所以神神者何則徒知曰不神豈獲封于人王又安能甦二男子於鬼窟虎口中以予按建寧記神之得爲神與其得封直云相傳耳而男子事亦僅出其口有無不足據又烏足以證神之神不神哉獨鬭鷄有塲則真非無據者鬭鷄而出于卵㲉卵㲉而直從道上無故獲之此則真神者事耳意當其時用傳用獄以自擲弄必有詑呼東縱于圜塲中絕奇特異其禍福善溢可以動天而牢幽者端平咸淳終神之世僅三十年正南渡兵時宜典籍之不備也今獄既祠神郎不偹不宜絕無所識郎識又不宜以無據者充也故予取于神卵而㲉且拾者以存信爲作歌曰卵兮伏兮雌所職兮拾且㲉兮倮代羽以翼兮孰思其故而能得兮慱愊愊兮戰靡北兮舍慱而徒掌索

纆兮生俠而雄殁而不可測兮遠圖者棘兮彼稷稷兮儓箸而宛儔應宜殛兮

金家廟在府學東　里人祀之爲里社

古嶽廟在平水東　晉義熙元年賜額

新嶽廟在縣東三里長春觀之左　順治　年里人欽貲建因山陰嶽廟在江橋右會稽舊嶽廟在平水以不便祈賽故新建于此

火神廟在縣東城隍之左開元寺之後　內有五侯祠以祀會稽令羅侯翁侯戴侯趙侯彭侯者

白馬廟在西府坊白馬山下　內關帝祠有徐渭一聯白馬小如拳從此驂驪林外長紫髯靈欲語頓令尸祝廟中肥

江東廟在西府坊白馬山之麓神姓孫名固秦時贛人立廟贛江之東漢陳嬰討南越神以捷報此廟祀之始宋賜額曰廣濟廟有碑記

張神廟神姓張行六五宋漕運官也有捍海滅倭功其初廟在蕭山之長山今城鄉所建甚多在山陰江橋者最顯應因獨當南門兩縣來水之衝爲郡城水口塹塞則多火災康熙十一年里中紳士更爲開闢又有廟在陡亹閘上春秋崇祀三月六日誕辰邑令必躬行致祭鄉人競爲龍舟賽神後毀三楹崇奉神文嘉靖間總制胡宗憲撰文立石

金龍四大王廟在東府坊廟中並塑靈應大[illegible]城隍二神因漕官與京商相等另建於朝有[illegible]水[illegible]廟

馮念八相公廟在縣東三里許廣寧橋下赤海神也

穆四相公廟在縣南三里許旌忠廟之東

龍池廟在龍池嶺祈雨輒應

朱家廟在太平鄉全節里

虞姬廟在平水

祠

湯太守祠在開元寺內祀知府湯紹恩

賀監祠在鏡湖上唐秘監賀知章祠也宋王十朋詩賀老祠堂枕鑑湖霓裳羽化

宅荒燕更無人問君王

覓轉使高風千載孤

朱文公祠在五雲門內即五雲書院諸名宦舊並祀于此後徙學宮改五雲爲雲衢書院專祀朱夫子萬曆末年屋漸圮天啟間知縣陳國器重脩今止存頹屋三間而朱夫子像仍在世教衰而理學廢有志斯道者當以脩復茲祠爲亟務矣

尹和靖先生祠在捨子橋下古小學內善法寺廢址嘉靖間知府洪珠改建先生洛人因其婿邢純於紹興後塟石帆山麓垂四百年太守萧山洪珠始作祠像仍先生語題其堂齋祠至今存劉宗周嘗率門人講學於此有重脩古小學記○越郡之有古小學也昉自前太守洪西涘公珠以祀寓賢宋大儒尹和靖先生云先是嘉靖中有詔許天下各建社學公遂毁郡中淫祠即其址建學大集士子弦誦其中而重師模於和靖遵時亦憲古也其制前爲臺門進之即和靖先生享堂左一楹曰義路右一楹曰禮門分二門而入爲養正堂爲游藝所左右各

列號房緣以周垣仍餘隙地落成者嘉靖九年庚寅都御史姚公鏌爲之記讀其辭想見一時風規之盛歷隆萬以來師徒罕聚學舍盡圮尹先生遺像退移之游藝所敗楹且爲風雨所剝落其隙地亦多分割之居民不可問矣天啓甲子宗周言之前督撫王公遂下檄山陰令馬公鼎新之無何逆璫魏忠賢亂政詔毀天下書院禁師徒之講學者工未半而告寢迨今上御極四年辛未郡諸生復具狀當事太守黄公欣然任之諸大夫後先在事咸有同心暨前學政劉公今令君汪公會稽周公厚厥終次第建堂廡如舊制距今歲庚辰通計前後十七載而告成事葢戛戛乎其難哉於是吾儕士大夫暨二三子衿歲時有聚講地然巳不逮西淙時遠甚宗周退而有感焉夫世道之升降則學術之古今係之矣古人之學先王所爲陳之庠序學校之間者何爲也哉學以至乎聖人之道也小學以始之大學以終之其序也有要焉其爲道一也在曲禮曰毋不敬即小學之心法也而大學則

惓惓於愼獨云故曰敬者聖學始終之要善學者終身於小學而已矣自小學之教不明於後世而本心先壞言大學者一變爲辭章聲利即今家塾之地父兄師友之所詔告不過曰讀書取科第耳傳金紫耀妻帑耳如是者累而進之而其爲世道之淪喪可知也當是時人欲肆而天理滅邪說昌而暴行興方且以講學爲迂濶爲僞首甚則厲禁自朝廷禍亂相尋千古一轍曷足怪哉尹先生學聖人之學故其言主敬尤得古人心法推之出處去就之際風義凜然學者推程氏正宗晚而幸以桑梓惠吾越越之人始與聞乎大道之要自此名世大儒有相望而起者然古學之不能不降而今也滔滔之勢所在而是矣吾欲正告之以聖賢之學而不倍請從小學始學爲洒掃應對進退之節焉亦曰敬而已夫聖人之道又何以加於此而區區辭章聲利是問乎三王之祭川也先河而後海知始焉故也越於先生亦河也視之小學訓小學將以明大學也學古之學契聖之眞以挽回今日

之世道抑亦吾黨小子之責也役既竣宗周之記屬友人石梁陶子而陶子節世因代爲記其始卒如此王公諱洽山東人劉公諱鱗長福建人黄公諱炯河南人馬公諱如蛟和州人汪公諱元兆婺源人周公諱燦吳江人其他與襄厥事皆見別狀先生舊像仍處遊藝祠以西淙公而新設木主於享堂從太學制也附從祀論吾越固不乏理學之儒祀贅宗者惟是小學之制尤稱特典有專祀則有從祀並得視大學乃小學以尹先生爲宗則生於先生之前者法不得與矣其生於先生之後者惟陽明先生爲再起儒宗崇奉已有專祠自此學者多言王氏學其著者從祀王祠自王氏以前四百年間最著者凡得四先生后先生塾羽翼斯文叅講大儒之席愈先生漸發明理學進窺中庸之旨韓先生性當元世而隱遯不汗顯得出處之正潘先生府際治朝而昌明倫紀永垂叅治之極皆不愧尹先生門墻卓卓乎百世之師也哉然四百年間而衰舉僅四先生法綦嚴矣尚俟後之君子

詳加論定而續補焉崇禎庚辰二月劉宗周記并論○後舍爲劉宗周講堂懸證人書院區額其三層新構者衆及門張應鰲等即供先生周之位在內每月初三仍聚講學弟子歌伐木之詩禮儀端肅有關
世道

雙義祠舊在名宦祠側歲久而圮嘉靖間知縣張鑑改建于黌宮長州文徵明記嘉靖二十六年丁未十月會稽雙義祠成祀宋義士唐公珏林公德陽也宋社既屋蒙古氏有中國首毀故宮爲寺而宋諸陵之在會稽者悉發之以剪王氣姦僧楊璉眞珈寔倡率之珠襦玉柙悉爲攫取而投骨榛莽極其慘酷璉方貴橫莫敢旁睨二公先後以他骨竄易而瘞之植冬青以志賦詩激烈不勝遺黍悲慨之感未幾璉眞裒遺骸雜枯骼築爲鎮南浮圖謂可摧滅無遺而不知雅非蛻玉矣二公舉事之時履危探險艱阻百出而卒底于成其共志亦烈矣顧正史不傳而其事雜出于

元儒紀事之書其言不皆同而皆有所徵要爲不誣也夫千載河清慶典有時開國之君往往以封植陵墓爲首事而元之君臣乃首發諸陵以事厭勝于是乎有以知元祚之不永也或謂此皆姦僧之爲而非元君之意按世祖以丙子下江南丁丑二月卽詔璉爲江南總攝尋命以所發宋陵金寶脩天衣寺又以寧宗攢宫故地爲泰寧寺其後以臺臣言其盜用官物及流毒江南請正典刑而世祖竟赦不殺雖嘗沒入土田家口尋給還之其委曲蔽覆葢可見矣姦僧毒害固無足言獨怪當時輔佐諸臣多一時名碩亦有前宋遺老曾無一人興懷而奮身抗義乃出于布衣韋帶之士其事有足慨者且其時宋巳滅亾時移運改二公者豈復有所覬乎說者謂其無所爲而爲高義卓行比隆豫讓夫讓嘗受智伯國士之知以國士報之宜矣二公在宋曾不沾一命之榮而慷慨從事至于變服爲丐鬻家具以需間關羈逆以圖厥功其難易厚薄君子葢能辨之矣稽之前史漢唐易世之後

其陵寢亦多被發不知當是時亦有高義之士反覈權而掩之如二公者乎卽有其人而不見紀載則夫二公之義謂之前無古人可也柳于是有以知宋養士之厚而獲報之無已也縣故有祠在名宦祠之左歲久且敝南充張君鑑以甲辰進士來知縣事考縣志得二公之事謂公所爲得名宜以陵寢之故陵傍故多隙地依陵植祠于事爲宜歲時有事六陵以次及公祠與陵相爲終始亦庶幾二公之志也于是言于郡守吳江沈公啓公亟俞其請相與成之以書屬徵明記其事爲論次如此

劉公祠在杏花寺側　嘉靖間知縣唐時舉建以祀五忠劉公者按宋史劉頜諡忠備桀純諡忠烈從孫韐諡忠顯韐子子羽諡忠定子羽子珙諡忠肅當方寇之亂韐守會稽有捍禦功舊有祠而圯其後裔有爲山陰幕者因家于越故合五忠祠祀之

景賢祠　萬曆二年郡人建於禹蹟寺之西林以祠長沙知府李本（張元忭碑記）先生蚤聞新

建致良知之旨既淺溢懼後之學者日流而入于虛也乃欲身挽其弊著書數百萬言大都精考索務實踐以究新建未發之緒四方之士從之遊者數百人自筮仕至老且革無一日不孳孳問學者分且數十年此其卓然以繼絕學覺來者爲已任而處心制行光明怡坦孝友忠信蓋上諸鬼神鬼神許之質諸兒童兒童信之者矣間有稍疑之者謂先生當長沙時以嚴以涅爲人所彈詆罷罷而獨居禪林著禮書將有所迎而希也嗟乎是烏知先生哉先生先人秉憲爲大夫家世祿先生知長沙爲大府罷歸者不兩紀身死幾不能殮骨且未寒而三子已寄舍於他人涅者固如是乎火烈民望而畏之故鮮死焉萑苻之盡殺于太叔之不猛也蔓根荄植嘉下治何病於嚴哉而況先生之或過於嚴也又其卅年養猶未粹之時乎當長沙之覲善當軸者以書畀先生先生疑其薦已也懷之不達及罷啟書果然始推官建寧會寧藩變先生設兵壁分水關院史以鄉試役檄府長及先生先生

移書并縮長令城守再三拒院檄勿往即得罪罷
顧若爲御史得請則以慈壽太后及肅皇帝兩宮
故批逆鱗即茲三事其所志不在榮進也亦明矣
拂之于顯然之章奏而顧迎且希于不可必達之
故紙迎且希者固如是乎先生之學與行仕與處
其懿美不可殫舉其大約爲人所疑與信則如此
噫一疑之一信之彼從其疑我從其信亦足稱賢
矣乃不得與縣無可信者一食於校始十有二年
而先生存時往往語其徒曰吾子孫無顯者而顯
者之先吾所知也吾亦慎勿隨世俗爲鄉賢舉與
聞者咸志之常怏怏一日越中薦紳暨家大人以
先生即不樂於校未必不樂於社而祀于社又吾
輩之力所易爲也議始倡和者響應郁頻上言遂
撤巳所居傍舍三楹徙置禹蹟寺西林實先生舊
著書所以祠先生陳憲僉鵠胡納言朝臣奔走督
率益力助貲者既衆祠所需用旬日告成門以二
重垣徑畧脩潔牲卜吉治主以升鼓吹遵周國人
喜躍以元忭職史也宜書忭始見先生時未知學

也既稍從事于學而先生則已殁殁而嘗追師之
竊比於聶司馬事新建之義於是舉也誠快之書
其敢辭考之古凡功德與言三立者有一焉則祀
于國而今先生居其二昌黎乃曰鄉先生釣于某
水遊於某樹其丘其可指而樂者有三則宜祭于
社而今先生獨若于學其爲三可指而可樂者未
嘗居其一顧不即祀于國而祗祀于社也於法雖
有遺亦從我之信以俟夫疑者之久而自信云爾
於是謹書其舉事始終之歲月與鳩工之人若先
生之世曰祠始於萬曆二年二月之朔越十五日
而成又越五日而主以入鳩工者爲里人王燫先
生名本字明德別號彭山以進士仕始推官召拜
御史以謫歷縣佐令起爲禮部郎中再謫歷府佐
止長沙知府他若助貲者例得書書于碑之陰爲
作歌曰脩篁兮叢枝黄熊子兮招提湘潭兮牧長
解佩組兮言歸依短寮兮長席載六籍兮以甲栖
髟管毫兮杵杵惟以遺兮將來叶淹日月兮之逾
幾靈冉冉其何之祠靈兮享靈匪他人兮吾儕叶

靈之來兮總總挽北斗兮秉箕中參差兮延佇兮騁望兮何如〔山陰令徐貞明帖文〕爲承祀典以隆先哲事照得邑鄉賢彭山季公明經篤行爲世師表諸君子倡義捐祠正古鄉先生沒而祭于社之意其于有司之祭于校不妨並舉也但廟貌雖新而祀典未備職忝官茲土景仰先哲且樂成諸君子之義查將昌安門外官房歲收其租以供春秋祀事恐久而無稽也帖諭祠中以示祀典須至帖者計開官房二間歲該租銀三兩正仰後照時值起租東二丈四尺五寸至宮衙西二丈四尺五寸南二丈一尺北二丈一尺俱至陳栂屋地共計實地六釐右帖景賢祠存照萬曆三年四月初九日給帖

文

〔沈公祠〕在縣東南二里 隆慶六年巡按御史謝廷傑命有司建以祀贈光祿少卿沈鍊徐渭曰余讀離騷及閱青霞君塞下所著鳴劍小言集籌邊賦扼腕流涕而嘆曰甚矣君

之似屈原也然屈原以怨而君以憤等死耳而酷不酷異焉雖然死不酷無以表烈忠今夫干將鉠且折其所擊必巨堅也君結髮廬越山至入仕至放居塞垣其特奇行多甚言之人無不駭心墮膽者然其要卒歸于孝忠君少時君父翁睽其室走京師誓終焉其後君擧于鄉入京悉要其鄉人爲供具長跽請歸其父翁哀痛慟號路人無不灑泣者父翁遂感動亟命駕歸翁嫗相歡如初跡君所爲孝如此其忠固有自哉然余嘗至京師過君故舍有人爲余道沈大夫盛時車騎集門如流水及禍起門可張雀羅所不去者永嘉張尚賓遜業鄉人胡通政朝臣耳然兩公者卒以此得禍悲夫宋玉爲屈原弟子原死玉爲辭招原魂余於君非弟子然晚交耳君徙居塞垣時余亘寄所懷詩一篇愧宋玉矣

雙節祠在賀家湖右江家園止水墩里人所建以祀范氏二女

者嘉靖間知縣牛斗重新之躬詣墓所致祭焉詩
貞烈傳（明）吳江周南老詩）姊妹不天齊寡居無媒
聯璧竟何如同心帶斷生無主未醮身完死見夫
清白一門全兩節綱常千古倚雙姝白頭林下春
秋筆能補典朝太史書（湯紹恩詩）君不見東鄰有
女方死夫信宿嫁作西鄰婦又不見西鄰有女夫
極貧棄嫌欲嫁東鄰富婦人女子水性多飄雲覆
雨將奈何會稽文正家雙節騷人墨客頌且歌大
姝芳年笄甫及青鸞喜報諧雙璧良人遘疾未經
年秋空別鶴香魂寂紅水眼落返故居墩名止水
澄太虛茅廬小結蔽風雨孀節稜層堪與俱我心
匪石不可展我心匪席不可捲任從珠翠蘭麝香
矢心孤鴈秋風遠深閨幼妹正妙齡問名納采婚
媾成良媒初締赤繩足玉人訃報登蓬瀛春愁暗
鎖雙蛾翠刃割柔腸心覺碎雖然未識百歲夫海
誓山盟期百歲此生無復比翼飛此生無復連理
枝生則同牢死同穴業緣斷了前生期父勸勸兮
堅似鐵母勸勸兮固如結泉枯石爛長相思淚滴

鮫綃半成血寧甘紡績供口飧煢煢月照茅茨間嫦娥夜宿廣寒裏泉臺見夫無靦顏與姊偕處歲月久歲月久兮易白首天長地久終莚莚青塚荒涼名不朽翰林太史勒碑文郡邑表揚記誰某嗟予拜傾虎符來握取清樽奠杯酒深秋光景沉寥天夕照寒蟬泣哀椰（又）老夫和淚寫新詩止水亭中雙節奇萬古綱常同一誓寸心鐵石兩無移鸞分鏡影秋風冷鳳咽簫聲夜月遲天地不窮情不已迄今艸木尚含悲

麗公祠 在箪醪河 萬曆七年建（張元忭碑文）天順間御史朱英所疏行兩役法籍縣民爲十年而統于坊里之長每一坊一里中長各十人以領之令民按丁若田五年而率錢與長爲吏辦公私費在坊者主宴在里者主饋曰甲首錢又五年而長率民詣縣庭審諸役曰均徭歲環遞以爲常益五年一用民也時頗稱便其後吏肆而長饕所云甲首錢有一貧男子出白金至四五

兩者卽富家按田而率有如畝滿千出金不數兩
不已於是貧者走徙往往以錢累其長其富者不
免於詭其畝半其輸與傚得鐲丁者至若均徭一
不幸得驛庫或捕鹽諸役其在楞中顧直役者過
七八金富民承之則誅攫百出不數百金者不已
又不幸富者兼得兩重役貧者或分得十之一二
則身家立破碎平生措聚至百千朝居而暮空貧
者至不有其妻子與籠雞柵豕互牽引鬻市中相
聚以哭邑里郊墟色慘慘然若在冬秋於是每當
書楞則老胥黠長巧播弄以綱賄與奪輪相唇齒
而民之病極矣今右副都御史南濠龐公尚鵬舊
爲御史來按浙其所因華予奪悉埽故常知前兩
役爲病既大且久乃一破其法如一邑中調劑官
百所需費若諸顧役不縮不盈與民之丁土相翟
合凡丁一田畝十率出若干錢與秋租歲並輸于
邑吏明年百所費與諸所徵亦歲出庫中錢擇其
人掌之且買且顧名一條鞭又刻帖人給一紙令
曉然無所謂甲首錢長不得濫索無均徭當者不

入驛庫役最重且苦若鹽捕等者不得勒富者募而且歲輸每丁不踰二十分耿細易辦受詭者不得行胥吏無所用其役以自殖蓄自詔下行之至今農始知寶田而權檐而食者亦重去其土閭閻熙熙畧始甦息然亦既十餘年矣諸父老子弟乃始醵金買屋以祠公而屬石上言於余何曉耶詰之則相顧以對曰公亦知永州事乎柳大夫將奪蔣氏之蛇而復其賦蔣氏出涕汪然者以蛇之毒人不若賦法之毒人甚也麗公易兩役爲條鞭是出我水火衽席之衽席今也聞且將奪我衽席而復之水火其毒於蛇也倍幾予曰誠若是則父老等之言衆言也予言者一人之言也衆言也者能致於聞者也予一人言也而又言於石是不能致於聞者也諸父老更進曰急父母之病者醫藥不已也而兼事于禱祀甚則且糜股上肉又安問禱祀之不如醫藥哉噫是亦可哀也已余亦何容於喙

祠基并屋附坐字五十七號原地二畝一分七釐七毫今坐字五十七號地二畝二分九釐二毫五

系積弓五百五十弓二分南至簞醪河北至陳
義東至泮河西至陳以義臺門三間內石砌明堂
一个大廳三間中懸均平世澤匾額左間豎立張
陽和先生撰文碑記後石砌明堂一个東廊一帶
正殿三間中供龎公神像後東側屋三間西側屋
三間坐陳以義屋後直進并西側屋後竹園一个

吳侯祠在開元寺再建於曹娥江蟶浦陶堰（徐渭撰碑文）會稽典史吳侯成器徽之休寧人其始仕會稽
當海上寇初入內地侯以能將兵知名于是承大
小數十戰斬賊首數百級生獲數十人還擄者亦
以百計凡戰之處休止督發設守出鬬有方法禁
士卒無毫毛擾居人又能舍衆先士卒民多知其
功者往往就所戰處爲建祠刻石今曹娥江其一
也父老某某等來告厥成請予序事予感而嘆曰曹
娥一弱女子耳當其伊嚶婉孌初不知有門外事
至其赴父之難恥大江蹈洪濤慷慨激烈有猛丈
夫之所不敢爲者夫典史下僚也動爲人所箝偎

然何異一女子至其其當國艱難乃惟知曰吾臣而已其仗劍舍身以當事乃不復知有他計此其人皆以忠孝植性歷千萬古而同一道今其祠若廟岐然兩相望豈偶然哉詩曰伊昔孝娥垂笄統珥當斯之時一女子耳憤江痛父不得屍所被髮亂流娥猛如虎今之仕者沉伏下僚傫然長嘆則怨其遭有冠在庭孰敢攘臂世將棄戈何况邑尉桓桓吳公天植忠孝先國後身與娥一道亷宇崇功峩江之涘祠木相望照映江水

傅公祠在會稽縣學之東宋建炎四年傅崧卿知紹興府事時多惠政郡人德之建祠以祀後因頹圮子姓於萬曆年間重脩并以忠肅察給諫墨卿仝祀焉

章公祠在道墟村祀明殉難長史贈副使章尙絅

會稽縣志卷第十四終

會稽縣志卷第十五

祠祀志中

陵

夏禹陵在會稽山西北五里嘉泰志云禹廵狩江南死而葬焉猶舜陟方而
死遂葬蒼梧聖人所以送終事最簡易非若漢代
人主豫自起陵也劉向云禹葬會稽不改其列謂
不改林木百物之列也皇覽禹冢在會稽山自先
秦古書帝王墳皆不稱陵陵之名自漢始吳越春
秋禹命群臣曰葬我會稽之山穿壙七尺下無及
泉墳高三尺土階三等葬之後無改畝史記正義
又引會稽舊記云禹葬茅山有聚土平壇人功所
作故謂之千人壇嘉泰志又云是山之東有隴隱
若劒脊西嚮而下下有窆石或云此正葬處明嘉
靖間有閩人鄭善夫定在廟南數十武知府南大

吉信之立石刻大禹陵三字恐亦未足爲據明史官楊慎則曰禹穴在蜀慎蜀人文人好事惟自雄其鄉人多惑之曰此禹藏衣冠之所非眞葬禹也乃泥一代衣冠埋窆石之句以文害辭亦固哉其言詩矣凡歷代祀典詳前卷禹廟

宋永祐攢宮

按陸游志自祖宗時有殿攢敬攢之名皆用殯字至顯仁太后祔永祐攢宮始易以攢字

高宗永思陵

孝宗永阜陵

光宗永崇陵

寧宗永茂陵

理宗永穆陵

度宗永紹陵

以上諸陵僅存封樹唯孝理二陵獻殿三間繚以周垣今亦頹廢理宗陵有頂骨碑亭宰牲房一所齋宿房一所其右爲義士祠內外禁山三千七百三十五畝田三十八畝九分○自宋攢葬以來內外皆有厲禁歲久湮沒爲居民所侵正統間趙伯泰奏告始復弘治元年復帖縣典史張弘檢勘量具冊以覆其後又以官山無守者多緣典訟乃割禁山之半佃爲民業而其半亦令居民守之而入其租然樵採之禁守衛之夫亦寢以疎矣按宋史哲宗昭慈皇后孟氏紹興元年四月崩遺詔權宜就近擇地攢殯俟軍事寧息歸葬園陵此攢宮之始也紹興五年四月徽宗崩于五國城先上陵名曰永固十一年八月金人以徽宗及皇后鄭氏梓宮來還十月掩攢在昭慈太后攢宮西北改陵名永祐徽宗顯肅皇后鄭氏徽宗北遷留五年崩于五國城梓宮歸與徽

宗合欑于永祐陵徽宗顯仁皇后韋氏從徽宗北遷高宗即位遥尊爲宣和皇后紹興十二年八月金人歸徽宗梓宮因送韋氏還臨安二十九年九月崩欑于永祐陵西高宗憲節皇后邢氏金人犯京師時高宗在藩邸出使邢氏遂從三宮北遷高宗即位遥册爲皇后紹興九年后崩于五國城十二年八月后梓宮至欑昭慈太后梓宮西紹興三十一年金人以欽宗訃聞遥上陵名曰永獻乾道中朝廷遣使求陵寢地金人乃以禮陪葬于鞏縣欽宗皇后朱氏從欽宗北去不知崩聞孝宗淳熙十四年十月高宗崩欑于會稽之永思陵高宗慈烈皇后吳氏以寧宗慶元三年十一月崩欑祔于永思陵光宗治熙五年六月孝宗崩欑永思陵西上陵名曰永阜孝宗成穆皇后郭氏向爲夫人紹興二十六年薨光宗受禪追册爲恭懷皇后及營阜陵改域穆祔孝宗廟孝宗成肅皇后謝氏寧宗開禧三年五月崩祔永阜陵寧宗慶元六年八月光宗崩欑會稽上陵名曰永崇寧宗嘉定十七年

閏八月崩葬會稽上陵名曰永茂寧宗仁烈皇后
楊氏理宗治定五年十二月崩祔永茂陵理宗景
定五年十月崩葬會稽上陵名曰永穆度宗咸淳
十二年七月崩上陵名曰永紹以上諸陵並在寶
山今名攢宮山其地本泰寧寺故址宋嘉定十七
年命吏部侍郎楊華爲按行使歸奏泰寧寺之山
形勢天設吉氣豐盈遂詔遷寺而以其基定卜焉
至元戊寅西僧楊璉眞珈將發諸陵宋遺民山陰
唐玨潛易以僞骨取眞者瘞之山陰天章寺前六
陵各爲一函每陵樹冬青一株以識獨理宗顱巨
恐易之事泄不敢易爲僞骨眞珈築白塔于錢塘
藉以骨而以理宗顱爲飲器元亡明洪武二年始
詔下北平返理宗顱歸舊陵知府張士敏記曰洪
武元年正月戊午皇帝御劄相臣宣國公李善長
索宋理宗頂骨于北平移北平大都督府及守臣
吳勉西僧汝訥監藏深惠以頂骨來獻詔付應天
府守臣夏思忠四月癸酉瘞諸南門高座寺之西
北明年五月壬辰遣使訪歷代帝王陵寢六月庚

辰浙江以紹興宋諸陵圖進復命禮部尚書臣崔
亮奉勅以理宗頂骨藏諸舊穴按理宗宋太祖十
世孫入纂大統享國四十餘年景定五年崩明年
爲度宗咸淳元年三月葬永穆陵祥興元年宋亾
元至元二十一年僧嗣古妙高言請毀宋紹興諸
陵江南總攝夏人楊璉眞珈與丞相桑哥表裏爲
奸惡明年正月奏如三僧言發諸陵金寶以諸帝
遺骨建浮圖于杭州截理宗頂骨爲飲器嗚呼其
不仁甚矣穆陵之發距今八十有六年遺骸餘蛻
始克復歸于土豈非天耶惟我國家德邁前王澤
被幽壤仁心仁聞風動四方是以刻詞穹碑昭示
來世臣士敏適守是邦承命惟謹敬述歲月俾後
有考焉洪武三年遣官訪歷代帝王陵寢令各行
省臣同詣所在審視陵廟併其圖以進浙江行省
進宋諸陵九年令五百步之內禁人樵採設陵戶
二人有司督近陵之人看守每三年一傳制遣道
士齋香帛致祭于孝理二陵凡遇登極遣官祭告
登極祭文四年與禹陵同洪熙元年惟皇帝德合

天地治紹唐虞安民之功垂憲萬世予嗣位之始率循典章祇遣廷臣敬脩陵寢尚賴神休羽翼治平尚饗（宣德元年）惟帝統承先業保乂邦家民賴以安功德惟茂予嗣位之初特用祭告尚饗（正統元年）予嗣承大統追惟前代嗣君克紹先業用保生民者心存景慕謹用祭告惟帝享之（景泰文同）（天順元年）茲予復承大統緬維前代繼述之君克紹先業以綏民生者心甚慕焉是用祭告惟帝享之（成化元年）惟帝克守先業致治保民茲予嗣統景慕良深謹用祭告尚饗（弘治正德嘉靖隆慶萬曆泰昌天啓崇禎文並同）（王十朋詩并序）某比緣職事朝拜欑宮瞻望松柏愴然悲泣遂成小詩崇觀升平主神遊在九霄稽山嵯峩禹寰海痛思堯天上仙宮別人間寶祚遙微臣望松柏霓思黯然銷（元張孟兼撰唐珏傳）唐珏字玉潛會稽人也少孤力學以教授養其母至元戊寅浮屠楊璉眞珈利宋欑宮金玉故爲妖言以惑主聽而發之珏獨懷痛忿乃貨家具行貸得白金若干爲酒食陰召

諸惡少享于家衆皆驚駭請曰平日且不敢見今
名我飲又過禮不審欲何爲雖死不避珏因泣數
行下謂之曰爾輩皆宋人吾不忍陵寢之暴露已
造石函六刻紀年一字爲號自思陵以下欲隨號
收殯之衆皆諾中一人曰此固義事也然今無有
知者恐萬一事露禍不測奈何珏曰已籌之矣要
當易以他骨焉衆如珏言夜往收貯遺骸瘞蘭亭
山後上種冬青樹爲識約明日復來會出金帛爲
諸人壽戒勿泄也璉又易宋內爲諸浮圖及裒陵
骨雜馬牛枯骼築白塔號曰鎮南杭人皆惋痛泣
下而不知眞骨之他存也亡何汴人袁俊爲越治
中招珏爲子師聞問曰吾聞越有唐姓瘞宋諸陵
骨豈君耶坐有指珏曰是也俊大奇之手加額曰
先生義士哉豫讓不及也竊聞高義久矣不意得
與先生處久之知珏以瘞骨故貧甚俊爲買田宅
居之先是珏臥疾一夕夢吏持文來名曰帝名君
速之行至一所見宮闕邃麗一人冕旒中坐旁一
人延上殿又數黃衣進揖珏曰賴收遺骸無以報

俄曰聯報冥田二頃有妻孥以養乃復掘及闕翻
然而覺莫省何謂已而會俊料理事如夢中始悟
夢中所見乃宋君也有謝翺者文丞相客也與珏
友善嘗感珏事爲作冬青樹引語甚悽苦讀者無
不灑泣翺字羽皐閩人亦奇士云唐葬骨後又與
宋常朝殿掘冬青樹植于所函土堆上作冬青行
二首馬箠問髑形南面欲起語野麕尚純束何物
敢盜取餘花拾飄蕩白日哀后土六合忽惟事蛻
龍掛茅宇老天鑒區區千載護風雨（又）冬青花不
可折南風吹凉積香雪遙遙翠蓋萬年枝上有鳳
巢下龍穴君不見犬之年羊之月霹靂一聲天地
裂復有夢中詩四首珠亡忽震蛟龍睡軒敝寧忘
犬馬情親拾寒瓊出幽草四山風雨鬼神驚（又）一
坏自築珠丘土雙匣親傳竺國經只有春風知此
意年年杜宇哭冬青（又）昭陵玉匣走天涯金粟堆
寒起暮鴉水到蘭亭轉嗚咽不知眞帖落誰家（又）
珠凫玉雁又成埃斑竹臨江首重回猶憶年年寒
食節天家一騎捧香來（鄭元祐書林義士事蹟）宋

太學生林德暘字景曦號霽山當楊總統發掘諸陵時林故爲杭丐者背竹籮手持竹夾遇物即以夾投籮中林鑄銀作兩許小牌百十繫腰間取賄西番僧曰餘不敢望收其骨得高家孝家足矣番僧左右之果得高孝兩朝骨爲兩函貯之歸葬于東嘉有夢中作十首俱悽怨其七首忘之矣葬後林于宋常朝殿掘冬青一株植于所函土堆上有冬青花一首曰冬青花花時一日腸九折隔江風雨清影空五月深山護微雪石根雲氣龍所藏尋常螻蟻不敢穴移來此種非人間曾識萬年觴底月蜀魂飛繞百鳥臣夜半一聲山竹裂（又）君不見羊之年馬之月霹靂一聲山石裂○其事甚異故書之若霽山者其亦可謂義士也已三詩與唐玨同不錄（謝翱別唐玨冬青樹引）冬青樹山南垂九日靈禽居上枝知君種年星在尾根到九泉護龍髓恒星晝隕夜不見七度山南與鬼戰願君此心無所移此樹終有開花時山南金粟見離離白衣人拜樹下起靈禽啄粟枝上飛（冬青樹引跋）一條

（其二）予既註皐羽登西臺慟哭記又以此詩詞[illegible]未易通曉故爲之疏以便考証而自質焉適文[illegible]黄先生之門人傳藻氏以書來謂聞之文獻者曰楊總統初欲利攢宫金玉故爲妖言以惑主聽而發之越中王英孫一日出金帛與諸惡少衆皆驚駭而請曰平日且不敢見今乃有賜不審欲何爲雖然不敢避因徐謂曰爾輩皆宋人也吾不忍陵寢暴露已造石函六刻紀年一字爲號自思陵以下欲隨號收殯衆皆諾遂夜往收貯遺骸骨而葬上種冬青樹爲識此歌詩之所爲作也其說如此予以舊注既有異同亦既以書致鄙見于傳君矣故未即以舊聞非是而未加改定姑録一通寄傳且書來言于此以問該洽者庶幾予言或可再証也丙午正月十日張丁識

（其三）浦陽張君孟兼取閩人謝翶爲宋丞相文公所作西臺慟哭記詳疏其文復取其至越中所作冬青樹引并疏之于卷末且以窆宋遺骸事爲唐玨王英孫而疑其異同予謹按郡先生霽山林君當宋亾時忠義耿耿有

南山有嘉樹及商婦怨等詩見所著集中嘗與唐玨收宋遺骸于山陰種冬青樹其上刻誌有丙之年子之月冬青花不可說之句葢先生乃王英孫門客先生與玨所爲王葢與知之矣夫謝翺在文公之門傳公者曾不及翺非張君茲述殆泯沒不傳今書玨之事而霽山林君不與焉豈非闕乎吾因倂識其事以釋君之疑且以副君好古之盛心云洪武四年二月十日孔希普識忭按唐林二義士事所樹冬青與所傳詩四首並同蓋甚惑之竊疑二人本協謀而傳者失其實耳季長沙公本乃以收骨事爲唐玨非林景熙其註謝翺詩云星在尾謂寅年也元史曆志授時曆經黃道十二次宿度尾三度一分一十五杪入析木之次辰在寅謝翺以布衣杖策參文天祥軍事天祥死于燕翺徬徨山澤遇處郎哭卒窮以死其忠憤如此故謂收骨爲唐玨事且知爲戊寅年者以翺詩爲証耳然以冬青樹引二跋觀之則如余前所疑庶幾近之而王脩竹名英孫嘗延致景熙要亦與聞其謀者

也又嘗覽霽山集載冬青花諸詩甚明中與唐玉潛王修竹往還詩不一多激烈語其荅謝皐羽又有夜夢繞句越落日冬青枝之句謂非與聞其事者可乎當收骨時事甚秘故姓氏互傳若此（高啓詩）樓船載國沉海水金槌晝入三泉裏空中玉馬不聞嘶日落寢園秋色起魚燈夜滅隧戶開弓劍已出空幽臺緇流暗識寶氣盡六陵松柏悲風來玉顱深注酡酥酒誤比西裔月支首百年帝鬼泣穹廬龍骨飲冤愁不朽幸逢中國眞龍飛一函雨露江南歸環珮重遊故山月冬青樹縱遺民非于秋誰解錮南山世運興亡反掌間起輦谷前馬蹄散白草無人澆麥飯（李東陽冬青行）高宗陵孝宗陵鱗骨盡蛻龍無靈唐義士林義士野史傳疑定誰是玉魚金粟俱塵沙何須更問冬青花徽宗不返梓宮復二百年來空朽木穆陵遺骼君莫悲得葬江南一坏足（許瓚詩）落日荒墟野雀囂欑陵人指宋先朝絕勝漠北龍函冷堪嘆京西鶴柱遙宮廟幾何今寂寂寶山猶似昔嶢嶢曹瞞首作捜丘

尉遺禍令人恨未消（孫紀詩）海門三日無潮汐天
塹徒誇壯南國龍舟載璽竟不還祇見銅駝在荆
棘鳳凰山前樓閣重妖人據作瞿曇宮誰言枯骨
有王氣六陵伐盡山爲童風雨黃昏寒食節杜宇
含冤淚成血壺瓶塔倚夕陽低冬青樹老秋風折
四十餘年有道君歿後寧知刼火焚玉顱酒深冤
鬼醉此事痛切誰堪聞（劉棟詩）翠柏蒼梧雨露深
六陵登罷欲沾巾事關往古多攖念詩感中興獨
費唫雨洗藤蘿懸碧落雲開臺榭護春陰偏安空
有銅駝嘆陝洛猶成荆棘林（季本詩）玉輦金輿不
可旋六陵松柏五峯前愁雲暗結黃昏雨斷石空
埋白晝烟楚志欲窺三代鼎蜀魂空託五更鵑細
從故老詢遺事不待冬青已惘然（汪應軫詩）寒食
誰憐五國城六陵空自有秋聲滄溟月骨知尋處
也逐邊塵向北行（劉昺詩）六代君王龍氣盡萬山
松柏畫圖開可知不繫中原望自有江南土一抔
（柳文詩二首）衣冠不戀越山遊一厝龍輴幾度秋
汴水無梁魂漠漠燕雲失路恨悠悠寒巖松檜圍

花蓋幽壑藤蘿綴冕旒憶自金牌追往騎空憐玉几覆歸舟（又）一坏難保君王宅雙匣重歸義士鎔烟雨寢園啼蜀鳥風霜丘隴哭冬青狐經寶劍妖無孽龍返珠宮氣有靈千古興亾總如此五更衰艸夢郊坰（袁宏道遊六陵記）六陵蕭騷岑寂春行如秋晝行如夜雖聯鞭疊騎而時聞悵啼鬼哭之聲讀唐義士詩痛楚入骨爲之灑泣自古亾國敗家雖多未有若斯之慘酷者也（詩一首）冬青樹在何許人不知鬼應語杜鵑花那忍折魂雖去終啼血神靈亦天地黯傷心事戊兒年錢塘江不可渡汴京水終南去縱使埋到厓山厓白骨也知無避處（陶望齡六陵懷古詩三首）六陵風露入深秋松柏蕭蕭萬壑幽憶昔普天悲鑄鼎只今何地問藏舟百年車馬驅南國盡日狐狸嘯古丘二帝寢園尤寂莫黄沙白艸不堪求（又）前朝遺恨荒村裏今古傷心越嶠青亂後乾坤銷王氣夜深風雨泣山靈三泉白日衣冠冷八月寒蟬艸木零當代有誰憐國士布衣林下老傳經（又）傳經閉户沉冥久忽

漫悲時意氣深廢隴憑誰收白骨傾家結客散黄金松楸盡溼孤臣淚日月常懸異代心節俠似君能有幾茂冬青花老一沾巾（徐渭詩）藁葬未須憐生時已播遷威儀非舊典世代是何年過客悲山鳥王孫種墓田回看隴頭樹似接汴京烟（又）落日愁山鬼寒泉鎖殯宮寃猶驚鐵騎人自哭遺弓白骨夜半語諸臣地下逢如聞穆陵道當日悔和（張汝霖詩）世外幾番寒刼火野人猶自説攢宮六陵艸樹荒烟下半壁山河落照中義士傷心偷瘞骨前朝遺恨失和　杜鵑巧作青山泣并帶松聲咽晚風（福清薛敬孟六陵弔古詩）羣峯壑裏夜藏舟杜宇聲聲未散憂松木公然歸帝蛻冬青猶得識山頭黄沙頂骨寃千里玉匣衣冠恨一丘艸莽辛勤雙國　寢園謀

墓

周若耶溪大塚（越絶書）句踐麾先君大鐔塚也

漢董永墓在織女舖旁有董家堰凡堰之董姓者云悉永後其曰織女潭者俗傳永所遇織女爲永織絹以償傭錢既罷浴于潭而上升故名亦猶永居楚名其縣爲孝感類也嘗聞先輩云吾鄉中某遊太學見祭酒丘瓊山濬間知其爲會稽産也曰會稽有織女舖汝知之乎對曰不知濬語之故則董永事也董永遇織女事見湖廣山東兩志中

曹娥墓詳曹娥廟下

晉八仙塚在白塔舊志晉稽康善琴過白塔宿傳舍遇古伶官之魂而得廣陵散曲其聲商緩似宮臣逼君晉謀魏之象也其名廣陵散散離播越永嘉南遷之兆也曲終指其瘞處至今窟穴猶存徐天祐詩廣陵莫惜世無傳遺恨商聲第一弦伶鬼何關興廢事凄凉一曲兆南遷

塚斜在平水三十餘里接嵊界相傳越之墳墓多在所謂斜者如唐

官人斜之類

丁固墓 十道志在會稽又名司徒塚

宋吳越忠遜王墓在秦望山北 地名昌源宋史錢倧疾殂東府以王禮塟焉林景熙詩牛頭一星化爲石千仞稜層垂鐵脊隆隆隱隱佳氣藏列峯環拱效圭璧玉棺何代埋衣冠三朝萬乘子復孫典冊輝煌照九土歲時園廟嚴駿奔輪雲自古幾茂翻覆山靈不守松栢禿離離荒艸鬼火青麥飯無人灑林麓我來弔古欲雪天梵宮金碧凄寒烟殘僧相對語寂寞苔莓隔嶺青年年

太傅信王趙璩墓在昌源石傘峯 宋宗室璩以少保恩平郡王判太宗正始賜府於紹興後罷大宗正進少傅王薨贈太保信王以塟慶元六年加贈太傅

榮王趙希瓐墓在昌源理宗父

齊賢良唐墓在昌源石傘峯

陸左丞佃墓在陶宴嶺支峯下

顧內翰臨墓在昌源石傘峯

齊尚書執象墓在昌源

沈少卿紳墓在雲門山

韓左司膺冑樞密肖冑運使髦墓並在太平鄉日鑄嶺

陸諫議軫墓在五雲鄉焦塢宋贈太傅

陸都官珪墓在袁孝鄉宋贈太尉改葬鷲峯寺前

錢內翰易墓在天柱峯下子集賢彥遠裔孫伯言祔

陸發運寘墓在富盛鄉郎中沆祔

陸少卿宰墓在雲門盧家嶴知郡松通判浚並祔

詹司諫亢宗墓在秦望山

楊樞密愿墓在何山知郡祐祔

陸布司長民墓在上皋尚書塢叅議靜之提舉升之教授光之並祔

蘇計議師德墓在陶宴嶺吏部玭祔

詹太傅林宗墓在鹿里大監騤祔

梁司諫仲敏墓在秦望山

傅屯田瑩墓在浪港山

胡尚書亘儒墓在秦望山

王知郡鎬墓在蔡山

傅編脩堯咨墓在石旗山給事中崧卿祔祠建會稽學東

莫侍郎叔光墓在平水

張秘書淵墓在昌源

王提舉然墓在五雲鄉中竈判院遂侍郎淪並祔

尹和靖先生焞墓在龍瑞宮前峯石帆山下明季本詩

有序尹和靖墓在會稽龍瑞山嘉靖中爲里豪所發得其誌石人有見者鬬於官時莆田洪珠方知府事使人訪求則石既毀矣乃即城南捨子橋下爲祠以祀和靖其祠蓋善法寺廢址云一從南渡寄遊魂龍瑞山前日色昏宋代寢園銷已盡荏門衣鉢瘞無存空瞻特廟荒蕪壞不及幽銘認舊墳弔古尚多遺恨在佇將往事論楊髡

張太守遠猷墓在雲門石人山有張家橋蜀綿竹人仕爲紹興太守有惠政遂家焉太守父兵部侍郎震自杭州西山遷葬於此太守兄主簿壯猷墳亦在焉明狀元張元忭太守十世孫

蔡孝子定墓在觀嶺下

王尚書定肅公希呂墓在三都之破塘里

陸太師游墓在雲門盧家嶼

元

韓先生性墓在木石岡

呂副樞珍墓在湯浦獅山之麓

董脩撰應申墓在石浦子孫繁盛科第蟬聯石浦漁渡二族輪祭

明

董學士敬墓在珠湖會元董文簡玘之祖

董僉事豫墓在鄭家嶼

章侍郎敞墓在稷山南神道碑楊士奇撰

董太守復墓在二十三都浦下玘之父贈學士賜祭葬

陶恭惠承學墓在洞浦諭葬

陶文簡望齡墓在下竈

陶石梁奭齡墓在稽山

董日鑄懋策墓在清水閘與上虞接界

范給事紹序墓在稷山

章副使尚絅墓在稱山南歸古墩殉流寇難賜祭葬

陸忠烈夢龍墓在洞浦

劉左都宗周墓在下蔣

倪尚書元璐墓在白蓮嶼聖儀山

王元趾毓著墓在上竈　高孝廉岱墓在所城東

義塚　紹興五年少監李大性置於鎮塢會稽尉徐
次鐸記越之流風凡民有喪即議僑寄棺柩
所積夙號墓園遠歲不登繼以癘疫而民不免於
死臣公奉命東來一意全活饑者賑之以粟病者
起之以藥死者遺之以棺荒政舉行畢力無倦復
有意於埋胔掩骼之舉命次鐸走近郊牧數寄棺
凡三千餘下令申飭曉告使人人知有送死之義
且曰其有猶浮圖火化者助之以緡錢姑從其私
乃若無力歸藏請於官給所費規畫已定復命次
鐸度地得二所其一鎮塢廣四十弘又其一泗湧
塘旁十餘畝由是義塚之規立矣兩隅分峙男女
以辨籍以周墻封其四圍畫圖傳籍備錄分藏閭
里姓氏次第刻著申命緇黃以覘墓室五封廣列
尚爲後圖庶幾有以繼於此也自慶元改元夏迄
於冬十月野處之棺官爲覆藏者凡千二百九十
有三據籍可考至是澤及枯骨矣自今不燎於原

不沒於川不暴於野是則公拳拳之志也
國朝順治年間更建于五雲門外暨各村鄉僧恒鑒
春秋二季
率衆掩骼

會稽縣志卷第十五終

會稽縣志卷第十六

祠祀志下

寺院　觀宮　庵堂

夫自漢唐以來寺觀緐典而財日耗民生日促昌黎氏欲廬其居不爲過矣然此亦二氏之敝其徒崇奉之過則然耳彼其初曇與聃之教以四大爲虛假以乾坤爲逆旅尚安事華居廣厦以奉其身者乎亦猶吾儒者之道其始爲棟宇也取以蔽風雨而止而其敝也則有瑶臺瓊室以階禍亂者斯

豈創制者之過哉抑余有深慨者儒者之闢二氏五尺童子能道之矣乃或假是以濟其私彼其廬若鱗其土若奕又何爲者也其不爲二氏之所竊笑者幾希　徐渭

寺院　照府志先城後鄉先府志次縣志次新入

開元寺在縣治東南　五代節度使董昌故宅也後唐長興元年吳越武肅王建

寺蓋處一城之中四方遠近適均重甍廣殿脩廊傑閣大鐘重數千斤聲聞浙江之湄佛大士應眞之像皆雄麗工緻冠絕他刹歲正月幾望爲燈市傍十數郡商賈皆集玉帛珠犀名香珍藥組繡髹藤之器山積雲委光耀人目法書名畫鐘鼎彝器玩好奇物亦間出焉士大夫以爲可配成都藥市

宋咸平中僧曉原立戒壇遇聖節則開以傳度甚
徒建炎庚戌群盜卒至遂焚不遺一椽後雖興葺
然未能如初今以爲習儀祝聖之所前門内西建
湯太守祠殿東建吳通判祠萬曆十三年僧眞秀
募緣重修大
殿易以石柱

長慶寺在縣治東南一里宋永徽二年因漢尚書陳囂竹園建號竹園寺
唐會昌五年毀周顯德五年重修號廣濟院大中
祥符元年改今額後祀衛士唐琦于寺側因呼班
僊菴俗名
班竹菴

杏花寺在縣治東南二里周顯德二年錢承裔建號法華懺院開寶三年
改憲臺永壽院大中祥符元年改旌
教院宋時植杏甚茂今爲杏花寺

大中禹跡寺在縣治東南二里晉義熙十二年驃騎將軍郭偉捨宅

建唐會昌中例廢大中五年僧居圓詣闕請僧契眞復興此寺并置禪院于北廡賜名大中禹跡寺門爲大樓奉五百阿羅漢甚壯麗初釋氏自達摩至慧能以來傳禪宗然禪院皆寓律寺至百丈山懷海始創爲禪居乃不復寓律寺契眞亦懷海弟子時禪寺雖創尚未盛行故猶寓禹跡北廡爲禪院宋紹興末曾文清幾卜居於越得寺之東偏空舍十餘間居之手種竹盈庭日讀書賦詩其中詩曰手自栽培千箇竹身常枕籍一床書幾平生淸約不營寸產所至寓僧舍蕭然不蔽風雨惟食奉祠之祿假二三老兵給使令而已

延慶寺在縣東南三里唐大中十二年台州刺史羅昭權捨宅宋徐鉉述祖先生墓志序云門生彭汭登第補本郡司倉掾嘗與社祭齋于郡之延慶院獨處一室旣寢而精爽不寧展轉至四鼓乃得寐夢一白衣書生入戶謂汭曰某嘗遊少文詞在此室司倉當見之也汭辭

以未見書生曰試爲讀之言訖而去及寤猶因訝因呼僕秉燭屬觀牆壁間意謂有留題者而都無所見惟戶扇下有石方尺餘塵土蒙之視彷彿有賀監字乃知此是也祀事罷乃移置廳前以水盥之文字依然卽進士許鼎所撰祖先生墓誌也問主僧云十年前院側數十步官置瓦窰掘地得之而掌役者軍吏也不曉其所自但見有文因惜不毀而置此按賀監以天寶二年始得還鄉既而天下多事遂與世絕止於吳越故老亦不能知其終徽彭予之夢則賀監學之迹與祖君高尚之節皆湮沒矣其誌云通和先生祖君名賞字子元范陽人性寬平州里莫見其喜慍長短頗覽書尤工詩句天才黙識少有倫似蓋修身老之徧初賀監得攝生之妙近數百年不衰荷笈賣藥如韓康伯近在天台山升遐徧於人聽元和巳亥先生過之謂曰予寬中柔外可以語至道也後十歲過爾于小有乃授斷穀丹經先盟而授之春一夢則十日不饑一日謂門人曰賀公之期至矣沐浴委化

隆教寺在縣東五十五里宋太平興國元年觀察使錢億建爲資福禪院大中

祥符元年

改賜今額

華嚴寺在縣東南二里舊去縣七十里陸游記畧會稽五雲鄉有山曰黃琢山之麓原野曠衍泉冽嶺繚抱負岩嶂森立而地若不治者不知幾何年矣或謂古嘗立精舍以待天衣雲門遊僧之至者有石刻具其事其後寺廢石亡慶元三年馮君正卿聞而太息乃與弟崧卿以事親教族之餘貲買地築屋禪僧守之乃告于府牧丞相葛公以華嚴額徙置焉

嚴維詩福地華嚴會主家少長行到宮龍飾壁禮塔鴈行成蓮界千峯擁梅天一雨清禪庭未可戀

聖主寄

蒼生

龍華寺在縣東都泗里即江總避難所憩也俗呼龍王堂寺面秦望水環前

後及寺在有廣寧大橋東有龍華小橋微風細雨
繚繞烟波皓月澄潭水天一色寺東有厲家蕩郎
東大池舊曾趙福王臺沼畜魚味甚美今衆紳聚
資易爲放生池寺久而圮萬曆二十六年寺僧如
惘重修
國朝康熙四年僧茂生募資重修

善法寺在縣南二里晉天福七年吳越建爲尼院號永寧宋大中祥符初改今
額熙寧八年知府趙清獻抃以幽邃非尼可居徙
尼于大慶以其寺住僧明嘉靖間知府洪珠改爲
古小學萬曆初年知府蕭以其後朝北餘
地復建善法寺不甚弘敞而清幽可喜

寶華禪院在白馬山陶望齡題額內有關帝殿

石佛妙相寺在縣東五里唐太和九年建號南崇寺會昌廢晉天福中僧
行欽于廢寺前水中得石佛遂重建宋治平三年
改額曰石佛佛高二尺餘背有銘曰齊永明六年

太歲戊辰於吳郡敬造維衛尊像凡十有八字筆法亦工

大禹寺在縣南一十二里禹陵之左梁大同十一年建自唐以來爲名刹唐孟浩然義公禪房詩義公習禪寂結宇依空林戶外一峯秀階前衆壑深夕陽連雨足空翠落庭陰看取蓮花淨方知不染心

靈峯寺在縣東南二十二里宋開寶九年觀察使錢儀建初號三峯院治平元年賜今額明劉基活水源記靈峯之山其上曰金鷄之峯其艸多竹其木多楓櫧多松其鳥多竹鷄其狀如鷄而小有文采善鳴寺居山中山四面環之其前山曰陶山華陽外史弘景之所隱居其東南山曰日鑄之峯歐冶子之所鑄劍也寺之後薄崖石有閣曰松風登上入居之有泉焉其始出石罅涓涓然冬溫而夏寒浸爲小渠冬夏不枯乃溢而西南流乃伏行沙土中旁出爲四小池

東至山麓瀦爲大池又東注于若耶之溪又東北入于湖其初爲渠時深不踰尺而澄澈可鑒俯視則崖上松竹艸木皆在水底故秘書鄭白野公恒來遊終日坐水傍名之曰活水源其中有石蟹大如錢有小鯖魚色正黑居石穴中有水鼠常來食之其艸多水松菖蒲有鳥大如鴝鵒黑色而赤嘴恒鳴其上音如竹雞而滑有三鶺鴒恒從竹中下立石上浴飲畢鳴而去予早春來時方甚寒諸水族皆隱而不出至是悉出又有蟲四五枚皆大如小指狀如半蓮子終日旋轉行水面日照其背色若紫水晶不知其何蟲也予既愛茲水之淸又愛其出之不竆而能使群動咸來依有君子之德焉上人又曰屬歲旱時水所出能溉田數畒則其澤又能及物宜乎白野公之深愛之也（詩）靈峯寺閣倚松風風細松高閣更空何處流泉生石上有人鳴玉下雲中花飄霧露春香滿影動龍蛇曉日融安得身如列禦冦翩翩高舉共冥鴻（又）靈峯之中樓倚山山雲日夕棲其間九霄雲鷺隨高下六月

風雷送往還青嶂曉光浮藻梲銀河夜氣濕
松關天台向上無多路鷲嶺烟霞此可攀

雲門寺在雲門山　郡志云或謂雲門寺本面東王
秦望而對陶宴等山如列屏障
會昌廢寺後止存一小殿面南未毀遂附益以爲
寺非復舊址而舊址乃多犂以爲田宋紹興中淮
僧廣勤爲雍熙副院嘗因牛足陷得小銅維衛佛
像于田中蓋古雲門寺地也明天啟三年僧福坤
于舊址重建有僧雪嶠住持本寺尋卒瘞于寺之
右隴
國朝順治十七年　賜帑銀五百兩修雲門寺塔奉
有
上諭　明陸夢龍記　王子敬捨宅爲寺在縣南之五十
里晉義熙三年五色雲見勅名雲門隋煬帝重智
永智欣易名永欣會昌毀後非復故址觀察使李
褒奏請重建賜號拯迷宋名淳化中析爲六普濟
明覺俱遠寺其曰雍熙者懺堂也壽聖者老宿所
棲庵也一本而四名咸淳間僧廣勤爲雍熙副院

因牛足陷得小銅維衛佛像于田中盖古雲門寺
基云天啟三年僧福坤同子敬裔孫王友學于舊
址復搆爲寺外爲溪風閣次韋馱殿次大殿又禪
堂法堂寮廡齋厨各以序就坤公曰雲門古名也
今仍名之一田而復千載之舊乞記于余余惟會
稽擅佳山水予敬卜居何其勝也既捨爲寺何其
達也予敬知興廢之不可常而捨爲寺烏知寺之
廢興亦不常乎然興而廢廢而復興固予敬之所
謂常者也或曰佛以垢淨齊世眼何居於不垢以
生滅齊世緣何居於不滅余告之曰諦觀諸佛諸
祖師無不擇勝而處此以知其不欲垢也與其徒
相授記屈指滅渡而殿殿致意于重興此以知其
不欲廢也雍熙于南宋時爲先農師功德院而放
翁記壽聖今余記雲門重建固宜（郡司馬孫魯慕
修雲門寺文）粤自恒星四鑒圓音雷布于中天慧
日東臨遺教雲垂于震旦惟諸佛菩薩涌現之地
爲天龍神鬼擁衛之區兹雲門古藍實越州勝景
始於先賢之割宅著于開士之傳燈緣以興廢不

常蓁蕪日久方偶廻異僧衆難安欲使六時鐘磬無魔須致一朝耳目頓改枕秦望之峯千山拱峙聚鑑湖之勝萬壑歸宗惟形勢有必然斯人天所咸被已鑒前模之失詎云改築之艱爰是古卓和尚補艸倡緣貫花飛錫聲衣鉢以命工假形像而設法行將復千年之故址炳煥丹青闡百代之法堂牢籠緇素功有同于累土事必待于布金以是因緣屬余唱導余惟刦火之壞大千雖云有數長者之施億萬要豈無時矧兹縣册黙至只表一念之微忱凡此玉帛金錢總屬吾身之長物用介管城以當道鐸倘如稊米之分大倉將見聚沙而成多寶務使千層繡閣旋復舊觀百丈瓊臺快兹新搆伏護世四洲光明之福德允叶天休考形家五緯生尅之機祥亦云元吉願我善信同耕福田借上林之一枝莫非春色挹微波之滴水亦助河流福不唐捐語無虛誑倘蒙金諾敢請氷銜寺田承免雜差邑令

王安世碑記

雲門廣孝寺在雲門山晉義熙三年開建寺有彌陀道場杭僧元照書額門外有橋亭名麗句亭刻唐以來名士詩最多先唐時雲門止有一寺後乃裂而爲四雍熙者儀堂也顯聖者看經院也壽聖者老宿所棲庵也有宋高宗御書傳忠廣孝之寺六字碑寺之前有辨才塔今按虞集所撰記言雲門言廣孝其沿革有分合矣寺在雲門者皆得稱以雲門今雲門與廣孝號分爲二而山中有六寺之目題咏自昔共之無從分屬聊附于後云（唐宋之問宿雲門寺詩）雲門若耶裡泛鷁路纔通夤緣綠篠岸遂得青蓮宫天香眾壑滿夜梵前山空漾漾潭際月飄飄杉上風茲焉多嘉遯數子今莫同鳳歸慨處士鹿化聞仙公樵路鄭村北學井何巖東永夜豈云寐曙華忽蔥蘢谷鳥囀尚澁源桃驚未紅再詠期春暮當造林端窮庚幾茂蹤謝客開山投剡中（又遊雲門寺詩）維舟探靜域作禮事尊經投跡一蕭散爲心自杳冥龕依大禹穴樓倚少微星沓嶂圍蘭若廻溪抱竹

庭覺化塗砌白甘露洗山青鴈塔騫金地虹橋轉
翠屏人天宵現景神鬼晝潛形理勝常虛寂緣空自
感靈入禪從鴿繞說法有龍聽刼累終期滅塵縁
日未寧搖搖不安寐待月詠巖扃（秦系宿上方詩）幽
禪室遙看峯頂頭白雲東去水常流松間倘許
人住更不將錢買沃州（郎士元詩）古寺千家外閑
行得暫過炎氛臨水盡夕照傍林多境對知心妄
人安覺政和繩床搖塵尾佳興滿滄波（又）寒山白
雲裏法侶日招攜竹徑通城下松門隔水西同朝
沃州去不作武陵迷彷彿心知處高峯是會稽（孫
逖詩）繫馬春溪樹禪門春氣濃香臺花下出講坐
竹間逢覺路山童引經行谷鳥從更言竆寂滅迴
策上南峯（僧皎然詩）共是竹林賢心從貝葉傳說
經看月喩開卷愛珠連清淨遙城外蕭條古塔邊
應隨北山子高頂枕雲烟（劉長卿送靈澈上人歸
雲門）蒼蒼竹林寺杳杳鐘聲晚荷笠帶斜陽青山
獨歸遠（僧靈一詩）虎溪閑月引相過帶雪松枝掛
薜蘿無限青山行欲盡白雲深處老僧多（顧況詩）

野人自愛山中宿況是葛洪丹井西門前有箇長生樹夜半子規來上啼（陳羽送靈一詩）十年勞遠別一笑喜相逢又上青山去青山幾萬重（杜牧詩）長松落落勝天台佛殿經窓半嶺開郭裡鐘聲山裡去上方流水下方來（釋佛印詩）一陣若耶溪上雨雨過荷花香滿路拖筇縱步入松門寺在白雲堆裡任老僧迎笑尋茶具旋汲寒泉烹玉乳睡魔驚散骨毛清坐看秦峯秋月午明山小鳥亂相呼松杉竹影半窓戸令人徹夜映匡廬作詩先寄江南去（嚴維詩）中令遺跡在仙郎此夕過潭空觀月定澗靜見雲多竹翠烟深色松聲雨點和萬籟俱不有對境自垂蘿（陸游詩）花邊木陰合溪雲生暮凉牛行響白水鷺下點青秧古寺宛如昔檜松森已行者年不下榻童子爲燒香（又）小住初爲旬日期二年留滯未應非尋碑野寺雲生屨送客溪橋雪滿衣親滌硯池餘墨漬臥看爐面散烟霏他年游宦應無此早買魚簑未老歸（又）譔壽聖院記雲門寺自晉唐以來名天下父老言昔盛時繚山並

溪樓塔重複依巖跨壑金碧飛湧遊觀者累日乃
遍雖寺中人旬日不相覿也入寺稍西石壁峯爲
看經院又西爲藥師院又西繚而北爲上方已而
少衰於是看經别爲寺曰顯聖藥師别爲寺曰雍
熙最後上方亦别曰壽聖而古雲門寺更曰淳化
一山凡四寺壽聖最小不得與三寺班然山尤勝
絕遊山者自淳化歷顯聖雍熙酌煉丹泉闚筆倉
追葛稚川王子敬之遺風行聽灘聲而坐蔭木影
徘徊好泉亭上山水之樂饜飫極矣而亭之傍始
得支徑逶迤如綫修竹老木怪藤醜石交覆而角
立破崖絕澗奔泉迅流喊呀而噴薄方暑凜然以
寒正晝仰視不見日景如此行百餘步始知壽聖
嶄然孤絕老僧四五人引水種蔬見客不知拱揖
客無所住而去僧亦竟不知辭謝好奇者或更以
此喜之今年予來南而四五人者相與送予至新
谿且曰吾寺舊無記願得君之文摩刻崖石予異
其朴野而能知此也遂與爲記然憶爲兒時往來
寺中今三十年屋益古竹樹益蒼老而物色益幽

奇予亦有白髮文矣顧未知予之文辭亦能少加
昔否寺得額以治平某年某月後九十餘年紹興
丁丑歲十一月十七日吳興陸游記（元虞集撰寺
記）今天下名山爲佛氏之奥區者有五臺峨嵋廬
阜衡嶽天台之屬皆雄高奇偉非堅志強力忘年
歷險者不足以窮其勝也其在國都會府貴重嚴
閎游者以瞻望爲艱而一丘一壑昔人遺跡之所
在其細大盛衰又不可以一槩論也然則以風致
言之其惟會稽雲門乎曩斷江禪師恩公住吳郡
之開元則韋太守賦詩之地予適吳與之遊未嘗
不過雲門也蓋會稽有剡溪鑑湖蘭亭東山禹穴
六朝以來幽人勝士之所經歷好事者喜傳之且
其爲郡地偏而安俗醇而秀非有靈怪瓌異以蕩
人心而故家遺俗流風餘韻接千歲而不泯民田
沃澤可以自給無風塵陸梁之虞干戈不及士大
夫尚文而好靜樂仕是邦者或不復思去有餘不
至于侈不足不至于陋海內未有能過之者予先
世自永興公始仕於唐陪葬昭陵遂封其郡爲雍

人永興公之父太傅公墓猶在定水院後也後遷蜀而至于予葢二十世矣故聞恩公之說悠然故鄉之思且雲門之爲寺在秦望山之麓寬衍紆徐無捫歷之勞千仞可以馴至其人不厭賓客終年總歸精舍靜居環數十里絕凡俗勢利之紛紜秦望之高巔杯汾江海一顧盼而盡得之古人所謂山川景物應接不暇者東峯西巘不出於徙倚之從容而茂林修竹崇山峻嶺之類又詎可一言盡乎自與恩公別二十有五年雖隔存殁而雲門常往來于懷也於是雲門僧任溧水開福者曰淸昱使其徒前龍潛侍者法堅來請雲門寺記則猶有恩公之遺意也其言曰寺本中書令王獻之舊宅東晉安帝義熙三年有五色雲見其上事聞安帝是以有雲門之稱高僧帛道猷始居之前有法曠之幽棲中有竺道一從猷之招而至後支遁道林講經於此山焉逮至梁代受業雲門則有洪偃避兵縉雲歸葺廬舍結衆勵業智永名法極右軍七世孫書有家法其兄子惠欣亦出家能書與永齊

名武帝重之改號永欣寺知果其弟子智楷與兄師也皆以善書聞辨才永師之孫世傳實藏右軍蘭亭修禊序唐太宗使御史蕭翼以計取之其人也六祖慧德禪師說法曹溪時秦望山有善現在弟子之目代宗時茂亮以法師教內庭不自安而歸其學者曇一律師與之終老山中弘明法師誦法華經而瓶水自滿靈一靈澈兩律師皆有盛名於是時徹通禪觀詩文藏秘府數百年來與地相樓因而聞者則有任公釣石陶隱君書堂葛元井何胤基謝敷宅鄭弘與唐人之與寺僧遊而見諸吟詠者則有王維杜牧之宋之問顧況劉長卿元微之嚴維郎士元皇甫冉之流唐武宗會昌沙汰寺毀宣宗大中六年觀察使李褒奏請重建賜號拯迷寺五代之亂浮侶散去海晏居之為石霜諸弟子則青原石頭藥山道吾之緒也叟人傳派以甲乙主之然門人去而為禪為教為律不一也晉高祖天福中子蒙作上卷宋建隆壬戌希晏作看經院開寶壬申重曜作永興懺院曜從天台部國

師學淳化五年又改曰寧化寺天禧中僧外藴言志智圓智端皆以其學行願力大修其寺慶曆七年國子博士齊其遵山門殿棟有皇祐元年之識焉彥強仲皎有詩名禪照大師者楊文公億錢太傅惟演王學士隨皆賦詩送其歸雲門是時明教嵩禪師嘗過之比至蜀還有詩賦其懷慕之意諸方誦之咸淳中宋且以廣勤君之勢家奏爲墳寺更曰傳忠廣孝之寺云寺舊地田山三百餘畝郡於東南爲饑甸將相家若韓若陸若賈寺多所施與焉師者求第子極慎重祝髮於寺者多衣冠子孫是以至於皇元而日加盛其寺凡十二房曰紫霞丹井凝暉朝陽長春雲壑西巖東隱東院東谷東巖寂照寺常推尊宿以爲之主收租賦供給寺事每四房每歲擇一人以相之豐則分其羸儉則取其不給又築三庵于勝處曰龍山紫霞之曇竊曰慶雲東巖之普用曰淙居則丹井之允若也僧會稽潔藥其幽暇不事馳騖是以能久安山川之勝焉乃相與謀曰前代之可書者多矣而湮没無

聞其可慨乎各錄其所知于書者允著淸昱超洪也其參伍不齊則會諸法堅而得之數人者又皆能詩善書其所由來遠哉今雲門有寺六廣孝恩昱諸公所居也上菴曰廣福看經院曰顯聖永興懺院曰雍熙西曰普濟南曰明覺各有勝地歲月可書茲不盡記云（項斯詩）松葉重重覆翠微黃昏溪上見人稀月明占寺客初到風度閉門僧未歸山菓經霜多自落水螢穿竹不停飛中宵能得幾時睡又被鐘聲催着衣（王銍詩）慘慘楓林叫竹雞冥冥山路曉光微花間宿霧侵衣重石上春泉帶雨飛境好不妨俱入眼心閑到處是忘機天涯依舊生芳艸何事王孫去不歸（釋如蘭詩）溪閣重重翠掩遮無時雲氣濕袈裟千峯樹色藏朝雨六寺鐘聲送晚鴉筆塚天寒收柹葉茶壇風雨掃松花倦游每憶消閒地早晚扁舟向若耶（韓性詩）天香閣詩欄干曲曲亂雲封回首爐峯碧幾重上界剛風秋萬頃銀河開徧碧芙蓉（林鴻詩）龍宮臨水國鳥道入林蘿海濶疑天近山空月色多鶴歸僧寺老

松偃客重過便欲依禪寂塵纓可柰何（王埜詩）石
橋千古在流水自淙淙芳艸去來路白雲高下峯
唐僧空舊塔晉士有遺蹤麗句獨延佇忽聞斜日
鐘（劉基詩）若耶溪頭過新雨雲門寺前芳艸長好
將薜荔紉衣帶更取辛夷結佩纕綠鬓朱顏非昔
日茂林修竹是他鄉東風且莫吹花盡遠客傷春
易斷腸（毛鉉詩）積雪蔽招提空虛夜生白開門不
見人鳥棲山正寂疎星帶長汀淡月照幽壁遠樹
看欲無近水聞更滴倚觀雲外峯忽現青蓮色此
境定安禪何爲迷所適（陶望齡詩）叢竹生鞭晚稻齊
石橋重訪古時題谷雲未出俄成雨簷瓦初鳴已
漲溪日氣忽穿殘蜺斷亂山翻在夕陽西秦碑解
譯隨君讀苔磴從高不濕泥（又梅季豹見訪同爲
雲門禹穴之遊詩）白葦黃茅都一槩蒼松何意入
雲裁練江秀句今如謝檝欖餘甘舊屬梅溪閣憩
眠秋到寺石亭壯觀雨兼雷憐君醉後談能備
取湖光爲洗杯（劉宗周詩）百尺溪頭纜竹船溪雲
送別寺門前半生最是多情處只恐山僧似大顛

又一番游興一番酸再訪雲門道自南不盡谿山供野鹿幾茂多宮寓老春蠶風隨樵徑知朝暮病與維摩可二三此日寄聲同調去故人今已卜茅茨

陳治安雲門遇雪詩春日負笈二三斤步來遇雪雲門山一片兩片地未濕五里六里松巳班過橋買屨聊當屐叩門借蓋許早還山深日晚樹逾白寺前人寂溪潺潺

佛果寺在縣東南七十里有東西駱駝峯九井巖鳳凰窠鑄詩竹塔院諸勝順治三年僧融一重修弟子庶瞻闡法于江陰陶履卓題聞禪時助唄護法借開山

雍熙院在雲門寺南一里十步初僧重曜于極遂寺之西建懺堂號淨名庵宋開寶五年觀察使錢儀廣之爲大乘示典禪院懺堂在佛殿後法堂前當時觀音像猶在雍熙二年改賜今額紹興元年賜尚書陸佃爲功德院院額錢惟治書院前橋亭曰好泉亭取范文

正公巖有好泉來之句又有牧菴朝陽亭及范丞相純仁兄弟章樞密楶會舍人鞏晁侍讀說之江少卿緯康博士布題名吳越忠懿王遣重曜第一書報雲門山爭名庵長老重曜今差人齎到白乳茶二十斤茂瓷香爐一隻銜香五斤金花合盛重五十兩仍支現錢一百千文足陌可親入懺保安遣此示諭不具押字付第二書報越國雲門山爭名菴長老重曜昨據節度使錢儀申所請爲宫中入懺保安事具悉師心鏡絕塵衣珠無類修釋氏務三之訓得爭名不二之宗湞掛錫寶坊棲眞王筍節使素欽于景行遠有來聞國家因馨於精誠遂可其請况奇峯正聳炎景斯煩非坐非行頗勞精進傾心引領尤媿忠勤今則再賜到乳茶三十斤乳香三十斤至可領也夏熱想得平安好故茲告諭想宜知之不具押字付

長老重曜二書俱勒石存院

顯聖院　周顯德二年於拯迷寺石壁峯前建號看經院宋乾德六年賜號雲門寺至道二

改今額院後有王子敬筆會有經藏甚靈異院嘗無主僧或毀其法堂以修團館然經藏如故已復小葺僧童無產業賴經藏以給歲久寺圮

壽聖寺在縣東四十里即古壽聖院雲門寺老宿所棲庵也晉天福六年建初名上庵宋熙寧二年賜壽聖額因年遠寺圮康熙年間僧慧雲仝友道岸得石碑于荊莽間洗而視之乃古壽聖院碑遂復創爲寺

晉濟寺在縣東四十里宋乾德元年盧文朗建即晉鴻明禪師誦經之地何充累詣聽經故又號何山院明初毀進士阮商霖捐貲重葺且捨田百畝爲寺僧供養僧人德之另設亭堂立主以祀至今其子孫俎豆不絕明劉基詩偶從靈峯來遂作雙峯遊雙峯何峩峩俯仰耶溪流炎天正埃鬱欲往安所投喜見農事成秔稻滿中丘步入古寺門瀏美無與儔潔池對曲路水

木自深幽飛蘿罥松栢上有猿與猴登樓散煩熱坐與山綢繆更愛山下泉泠泠淺陰溝青苔鬬修竹竟日涼風留披軒眺西崖煥若丹霞浮神劍去安之起望空斗牛沉思終永夜月白銀潢秋

明覺寶掌寺在剌浯山即古明覺院去雲門二里唐開元十八年建宗一有記載在傳燈治本會昌廢晉天福八年復建有寶掌禪師天泉諸塔亦有碑而其說荒怪不可考質然上有宴坐巖洗骨池天泉諸勝頗幽絕可愛門外諸峯如椰櫛州所謂林立四野者入門石壁屹立盛夏爽然如秋崇禎年間山陰祁駿佳復建請雪丁住持而寺復完宋王銍寺中見晚梅詩遙山天際斂眉峯清淺溪邊淡粉容落日寺橋人獨坐一燈明滅數聲鐘陸游詩細路盤青壁層軒倚碧空天香散塵外僧梵起雲中藤絡將頹石風號不斷松尤憐扶杖處直下數飛鴻元韓性修寺記沿耶溪而南十里許是爲雲門溪回路轉著崖壁立佛燈僧梵危出山半稍上舉武數十步俯視飛鴻

遠數衆皺山門横陳是爲明覺寺寺右蒼石磊磊是爲燕坐巖循廡而西有小浮屠是爲寶掌師塔

按舊碑師西印上人生周威烈王丁卯年魏晋間至中國唐貞觀中築庵浦江使人爲眞像像成語其徒吾始願住世千年加七十二表世壽也吾滅後六十年有僧取吾骨塔於他山愼勿止之言訖而寂乃顯聖二年丁巳正月初九日也其徒爲浮屠以塟五十四年當唐永隆二年有僧自雲門至刺涪詣塔作禮祝曰吾與塔有緣塔當自啟繼而塔戸頓開僧携靈骨於此土因塔建寺寺毁於火塔巍然獨存僧因舊地稍營葺之寺完請記吾聞異境必有異人居之異境不越寰宇之外而異人固罕聞之雖佛祖亦人耳上壽一百二十人之所同師獨千歲而加世壽焉誠異於人矣其果然耶是皆昧無生之源而揭厲乎貪生之末流也故或以爲疑嗟夫佛祖壽命無窮常人壽命亦無窮小智自私忩失眞我成住壞空之相尋認一漚爲溟渤三壽之期亦人間意也佛祖憫焉故世雄以無

生爲至而有無量壽之名師任世千歲有餘而卒顯泥洹之相示人生滅以破顛倒之見耳繇實而言千歲之遠與彈指何異予觀于此山水流花開霜飛葉落師之妙用無一日而不在也夫法身常任故招提常住與葺一時可以記可以無記雖然諸相不離實際記之是也遂書其歲月使刻之石

塔之建以唐永隆二年寺之建以開元十八年賜明覺額于治平二年毀于至元二十年後寺復完道白有碑記（陳治安詩）探古獨傳虎豹穴洗骨池清澈氷雪禪宮廢盡塚纍纍休問高僧千歲碣（祁彪佳詩）出郭清興多停棹出村暗夢繞平原幽逸懷不能旦曉色傍筍輿落星光欲斷遠峯衣上青烟盡路猶緬轉徑入西渡鐘响霜嶺半遙契雲外儔㢊慰浮生願前溪風葉翻縹緲梵聲亂想似廬山陶知茲社未散（陶履卓寶掌寺與雪厂話别詩）古之寶掌寺悠悠雲門中尋遊不道遠溯筏指飛錫陜巘識巢居飲澗窺螮蝀樵夫引歸路乃至青蓮宮徹言有冥契宛見君子風如何笑别處日出

東林東出首嶺猿
寂鳥梟聞霜鐘

泰寧寺在縣東南四十里周世宗時建宋陸佃請為功德院賜名證慈米帶書額外築亭曰慶顯紹興初以其地為昭慈孟太后攢宮遷寺於山南二里白鹿峯下賜名泰寧而徙證慈額于曹娥其後宋六陵皆在此地故寺益加崇葺至明永樂中災正統中遣北京僧德顯重建戴冠詩寺門斜掩獨鳴騶山色留人晚更堪雨後疎螢明宿草日邊歸鳥背晴嵐龍函經古神呵護骨塔年深鬼嘯談惟有道人星月下焚香猶自禮蓮龕劉棣詩繚繞烟花又十年青苔白石尚依然穿雲再放登山屐好事兼攜載酒船石谷聽鶯春雨歇野田飛雉麥苗鮮五峯白鹿天台路不是乘槎牛渚邊

東山壽寧寺在縣東三十里大亭山宋陸祠部傳所建方建寺

時祠部年逾六十手植穉松人或笑之及没年九十松皆爲喬木矣（明李本詩）北海經長在東山寺不磨眼空隨世界門古藤蘿牢落無僧在幽偏有客過我來遊已遍風景竟如何

寶山證慈寺　在謝憇臥獅山下　周世宗時建宋陸佃請爲功德院後以其地爲哲宗昭慈孟后攢宮復于外建一泰寧寺而徙證慈于曹娥廟側至明季毀于兵火康熙戊申趙鼎元延洞宗時一寂現募資復移額于此而重興焉寺襟湖負山控帶林巒最爲雄秀而香幢紺宇金碧輝映遂成寶剎有存壽禪師之塔（唐嚴維詩）招提還望翠微間萬壑烟霞絕點埃花霧香迷行道徑松陰來覆講經臺石潭水黑龍常蟄琪樹風清鶴正回公暇偶來成勝賞此身疑是到蓬萊

稱心資德寺　在稱山下　梁大同三年建唐會昌中廢大中五年觀察使李褒

重建寺前有馬跑井殿之後爲三考功堂以祀唐宋之問明郭傳章敏皆考功郎也宋元豐五年邑令曾公亮重修明永樂十九年太史章敞重修嘉靖間被倭焚毁崇禎八年給事章正宸進士章重延蓮宗内衡銓重建大殿康熙九年御史顧豹文進士章貞同僧成溥重建禪堂方丈其山共四百六十餘畝勒有碑石

嘉泰志云稱心在唐爲名山興雲門天衣埒宋考功之問守會稽時有遊稱心寺詩考功詩名冠冕一代李適以爲自康樂以後庶爲絕唱此詩尤高絕信乎其似康樂也又有唐律二篇見集中雲門天衣至今遊會稽山水者必至焉稱心在海隅僻遠寺又蕪茀故詩人騷客有終不一到者名亦晦而不彰豈獨人材有不遇哉

唐宋之問詩　步陟招提宮北極山海觀千巖遞縈遶萬壑殊悠漫喬木傳夕陽文軒劃清渙泄雲多表裡驚湖每昏旦問予金門客何事滄洲畔謬以三署資來刺百城半人隱尚未弭歲華豈兼玩東山芝桂芳明發坐盈嘆

又　釋氏懷三隱清襟謁

四禪江鳴潮未落林曉日初懸寶葉交香雨金沙吐細泉望諸舟客趣恩發海人烟顧攊仍留馬乘杯久棄船未憂龜負嶽且識鳥耘田理契都無象心冥不倚荃安期應可揖天地得齊年方干詩水本深不極似將星漢連中州惟此地上界別無天雪折停猿樹花藏浴雀泉師爲終老意日日復年年

白塔寺在白塔山唐獨孤及詩賀監湖東越嶺灣地形平處有禪關塔高影落門前水茶熟香飄院後山幽谷鳥啼青檜老上方僧伴白雲閑有人若問黃梅後數叔夜曾經到此間

天華寺在縣東六十里周廣順年間建始名無礙寺院宋至道二年敕賜今額國朝廢不修廢爲丘隴明嘉靖間陶章二姓捐貲復建天啟三年越中士紳延請湛然爲開法始祖寺當孔道接衆禁昔僧湛然達虛增置田百拾畝追源復置田百畝飯僧陶履中有記勒石宋呂

許公詩云賀家池上天華寺面面軒窻向水開不是閉門防俗客愛閑能有幾人來皇甫庄鷄山有稱天華寺者以東關天華寺久廢而存其名今改正湛然命弟子慜木住持寺南爲文昌閣閣下祀賀知章簽判范紫閬建築塘放生深碧可愛

福慶寺在縣東七十里晉將軍何充宅世傳充嘗設大會有一僧形容甚醜齋畢擲鉢騰空而去且曰此當爲寺號靈嘉充遂捨爲靈嘉寺寺有于闐鐘大中祥符六年改今額

泰安寺在縣東南四十里晉永和年建有觀音巖羅漢壇遺址僧若濟修

方廣寺在縣東南八十里宋時蘂嚴寺之下院

延安寺在縣東南七十里黃龍山宋建隆元年建號護國保安院治平三年改今額舊有樵雲樓今燬于火明僧懷讓題樵雲樓詩天峯結小樓旭日隔林丘拂檻不

雲重捲簾花雨浮鶴分雙樹蔭龍借半潭秋忽動九江興尋詩來止頭讓師不知何地人嘗遊會稽諸寺題詩甚衆

清修寺在縣東南八十里晉開運三年建號清泰院治平六年改今額明劉基詩華池浸浩月高下共清瑩烟如長明燈飛入大圓鏡又疑鉛汞爐伏火發霄映層軒開九秋萬象出昏暝月來池色動月去池色定窺臨足遊適玩味見心性珍重無生侶於焉托清淨宴坐六塵空百魔從律令

樊浦寺在縣東北四十里齊永明二年建號淨念寺會昌廢漢乾道三年陸君泰重建治平三年改今額古名思德寺

資聖寺在縣東四十里陶堰之東地名毗墟漢乾祐元

年建號証福院宋祥符中改今額俗呼毗盧寺

〔護聖寺〕在縣東四十里　周顯德元年建院有磚塔因號千佛塔院大中祥符元年改今額

〔澄心寺〕在縣東六十里　唐景福二年錢鏐建周顯德五年改水心院治平三年改今額〔孫逖詩〕郡府乘休暇王城訪道初覺花迎步履香艸藉行車倚閣觀無際尋山盡太虛巖空迷禹跡海靜望秦餘翡翠巢珠網鵾鷄閒綺䟽地靈資淨土水若護眞如寶樹隨攀折禪雲自卷舒晴分五湖勢烟合九彝居生滅紛無象窺臨已得魚嘗聞寶刀贈今日奉璚居康熙七年[illegible][illegible]鷲林同德月修

〔崇勝寺〕在縣東南九十里　晉天祐七年建號保安院治平三年改今額

廣愛寺在縣東南一百里漢乾祐三年於古寶安寺基上建號德政院大中祥符元年改今額

寶林寺元農元年以三界鎮接待院建請此額

妙峯寺在縣東二十里唐光啟二年蔡郁等于古靈山寺基建山門舊有石橋跨溪石牌坊一古扁二一書靈鷲山一書妙峯寺永春侯王寧筆明天順五年僧如瑾恩祖同立崇禎十三年太史余煌延僧慧融重修康熙十年洞宗指源建文武祠于水口爲下院其地董文簡子孫公捨〔祁彪佳詩〕晨阮曾聞到此游仙人錯認武陵丘妙峯頂上中宵月何異梁橋水面浮〔余增遠詩〕萬疊青山浥翠微鐘聲敲動白雲齊輕舟夜靜螢爲火點石年深蘚作衣彭澤掛冠腰懶折富春垂釣性難移朋游方外須行樂洞浦溪邊聽鳥啼〔荊州宋學洙贈指源詩〕山陰如畫裡越國漾扁

舟雨過秦峯翠風和鏡水悠客來三徑寂茶話一亭秋指點溪邊石時時解轉頭寺有十景題咏甚多

化城寺在縣東南四十里周顯德二年於古皇城院基建

金峯寺在縣東南六十里舊名鷲峯寺

永福院在縣東七十步晉天福四年吳越文穆王建

廣福院在縣東南四十里秦望山下晉天福中僧子崇始創爲寺即雲門六寺中之一也明嘉靖間觀燬于火唯千佛閣獨存崇禎壬戌冬僧闇然復建周都諫洪謨贈以今額

普濟院在縣東北八十里孔浦後唐長興四年建號典禪院大中

祥符元年改今額（明劉基詩）江上西風一葉黃莎雞絡緯滿叢篁物華乘興看多好時序逢秋速不妨露下星河光瀲灩月明巖谷氣清凉願聞四海銷兵甲早種梧桐待鳳凰

鹿苑寺在陽明洞天內古出蓮鬚處總兵王楊德卜築書舍今捨爲禪院

隆慶寺在縣東北二十里晉元嘉三年建號長樂寺會昌廢建隆元年重建號興福院大中祥符元年改今額俗名馬山寺

興教寺在天柱峯麓

廣教寺在縣東二十五里晉開運四年建號善訓寺治平三年始改今額

續聖寺在玉笥山前周世宗顯德二年僧重曜建初名看經院宋至道二年勑改今額寺後有宋理宗祖吳宜憲王陵爲元兵掘毀寺亦隨廢明萬曆庚子太史陶望齡太學張濬

元等延請湛然禪師重建于玉笥山前爲湛然祖亭〔陶履平久雪同湛然詩〕推松折竹沒蹤棱二十年來見未曾誰道仙人能戲玉郎令稚子亦傳燈畏寒已拚經旬醉窺月何妨終夜興與總爾齊腰應不動孤心徹底已如氷〔祁彪佳詩〕遙遙山寺出層雲松竹蕭疎小徑分願大偶逢魔杵下心清忽有妙香熏燈前說法知君遠石上譚經令我欣六載前頭曾到此一番清話又重聞〔王亹詩〕五位宗開老湛然江東知有洞家禪無孔篴中吹角徵破砂鍋內煑龍鱣半溪月印靈泉出萬竹樓森寒玉娟不斷見孫登曲彔雲門突出一燈傳

平陽興福寺在黃龍化鹿諸山之中相傳平陽道觀廢基群峯錯黛碧澗環流眞仙佛幽勝之居觀久廢無事迹可考康熙七年弘覺禪師道忞建閣七楹藏

世祖章皇帝所賜御書于其上因闢建殿堂遂爲宇內望刹〔唐李湛詩〕雲門十里長殿塔明朝陽半夜

風雨至潚山松柱香清猿嘯遠樹好鳥鳴虛廊塵土斯可濯何爲語滄浪〔郡司馬孫魯和弘覺禪師詩〕千嵓迴合晚蒼蒼路入珠林暑氣凉真愛遠公棲靜久却嫌元亮出山忙神清崔骨添遐臘號重龍池錫上祥此日宗風符大鑒曹溪越水豈殊方〔郡別駕張雲孫贈弘覺禪師詩〕紫宸溫語錫恩崇御墨猶藏錦罽紅鹿苑經營新傑閣龍髯想像舊遺弓栴檀香繞山窗外花雨晴飛夕界中頭白久知傳法盛伊蒲幸已證支公〔又入雲門贈古卓詩〕萬壑烟蘿鳥道開石谿精舍暫徘徊鐘聲澗外依泉落雲影壇前近鶴來拂藉青松聞淨義游當白社見詩才浮名遠媿爲身累片席何因駐講臺

〔玉泉院〕在靈峯寺南

〔福果院〕在縣東南二里今改爲軍器局

〔大中祥符寺〕在縣北落星橋側

崇報院在縣東百步

悟本院在縣東二里今白雲菴即悟本院舊基

圓通妙智教院在縣東南三里即觀音寺先是吳越王鏐患目疾醫禱弗愈一夕夢美人以藥饋之即愈鏐以爲神無何有東人在海上以所得沉香觀音來獻鏐竦然曰此即前夕之美人也宋開寶八年少卿皮文燦捨地建寺因置觀音于其中號觀音院熙寧中太守趙抃奏爲祈禱之地賜額圓通宋高宗駐驆宣賜御書金剛經板初有興福并入圓通

法濟院在縣東南四里

明教院在縣東五里

壽昌院在縣東五里

景德院在縣東六里

崇福院在縣東南二十五里

隆德寺在縣東南二十五里

淨聖院在縣南二十里唐中和三年齊肇以其祖丞相抗書堂建號水雲塔院治平二年改今額按齊唐集有量葺聖壽寺詩唐自注云初遠祖相國以所居石傘書堂建詩云建中天子寄彌綸築隱商巖舊業存麟筆有文藏冊府驅車流慶屬衡門金繩寶構新空界劍樹眞遊接九原藐矣諸孫愧前躅脫身仍謝北山猿是院中間嘗爲聖壽寺矣

淳化看經院廣福僧老宿所棲庵也

妙智院在董嶺外湛澗宗三照重建

資壽院後名日鑄寺

九蓮院在縣東南七十五里順治年間董氏捨山重建

慶恩院在縣東南九十里

崇仁院在縣東南一百里

大中昭福寺在東南一百里

觀宫

長春觀在縣東二里陳武帝捨宅建初名思眞宋改報恩光孝觀高宗駐蹕于越復建一殿于觀之東遥致朝賀于徽欽二帝至今有黄星御路之稱元更今名燬明洪武辛亥重建本府道紀司寓焉本縣以爲會造黄册之所具載陸寧記中匯游修觀疏天覆地載之間飲啄皆

由于道蔭跂行喙息之類涵濡悉荷于國恩豈獨忠義之心人人具有抑亦生成之賜物物皆同承惟光孝之道場寔薦徽皇之颷御神祠佛刹尚營繕之相望琳館珍臺豈修崇之可後某等叨恩冠褐尤職官廷敢怠夙夜之勤冀復規模之舊既修先朝之遺跡遂新大府之榮觀（明潘府詩）崔嵬宮殿幾經春路接雲門少市塵輦道州衰王氣杳仙壇花發露華新思眞有客尋丹液光孝何人薦綠蘋惟有春光長自好

年年更換往來人

明眞觀在縣東北一里　賀知章行館也宋乾道中史浩奏移于秋觀舊額建

其中爲三清殿兩廡分享前代高尚之士凡四十一人俗謂之先賢堂又名鴻熙觀明永樂中改今額（陸游修觀疏）一曲澄湖千秋古觀瓊樓玉宇正須月斧之修藥笈瑤函未極雲章之奉至於傑閣翬飛於天半長橋虹臥于波心皆擬繕營用成勝絕況丞相肇新於眞館與郡人仰禱于帝齡覆載

之間共陶化日髮膚之外昔是聖恩願垂不朽之名更效無疆之祝（王埜詩）賀監風流去不回千秋宮觀出塵埃數章喬木看濃陰一曲舊亭空綠苔弔古人來惟短棹步虛聲杳落會臺不知勅賜黃冠後誰繼清風自後來

天慶觀在縣南四里府學東 唐之紫極宮元改元妙觀相傳即偃王所居之翁洲（風俗賦注）翁洲在會稽縣東徐偃王翁洲即此地也今廢

天長觀 即賀知章宅名千秋觀天寶七年改額天長嘗有道士攜艸屨坐觀門有過者輒與之已而着屨者脚疾頓愈競相傳布而道士已失所在故俗又呼爲艸鞋宮今廢爲五雲河泊所○越人相傳謂明眞觀即賀監宅然所謂鑑湖一曲者觀中葢無此景今考前志乃知賀監宅在五雲鄉其地風景宛然如昔而宅乃爲河泊之廢署也

〈龍瑞宮〉在宛委山下其旁爲陽明洞天道書云黄帝時嘗建候神館於此唐置懷仙館開元二年因龍見改今額宮當會稽山南峯嶂崔拳其東南一峯崛起上平如砥號苗龍上昇臺大抵龍瑞之境尤宜烟雨望之如重峯叠巘圖畫莫及故邦人舊語云晴禹祠雨龍瑞〈孫逖詩〉仙穴尋遺跡輕舟愛水鄉溪流一曲盡山路九峯長漁父歌金洞江妃舞翠房遙憐葛仙宅眞氣共微茫〈又〉星使下仙京雲湖喜晝晴更從探穴處還作棹歌行絲管荷風入簾幃竹氣清莫愁歸路遠水月夜虛明〈方干詩〉縱目下看浮世事方知趙崿與天通湖邊風力歸帆上嶺頂雲根在雪中促韻寒蟲催落照斜行白鳥入遙空旅人去後後人至今古異時登眺同

〈天妃宮〉紹興衛一所五每一所領伍者十每一伍置宮者一祀其神以護海運左旅中三所之宮凡三十及左所亦有數宮悉屬會稽舊皆爲宮地不賦自知縣張鑑均糧時始賦之與民地同

宮並散處各坊中其區之大小與興廢若占否不一

郎瑛七修類稿云大畧謂天妃莆田林氏女幼契元理知禍福在室三十年宋元祐間有殊異迹元至明並著靈於海如至元間萬戶馬合法忽魯循等洪武間漕卒萬人輩永樂間百戶郭保俱以海運成化間給事中陳詢嘉靖間給事中陳侃俱以奉使海國危矣而並以天妃免詢之免有兩紅燈數漁舟來引又與合藥以辟蛇害漂沉香木命詢得刻其像侃之免有火光燭舟數蝴蝶遶舟黃雀食柁上米食已風即順㵄曉至閩午入定海事光奇天妃今在在競祠其號則忽魯循等奏賜者也

庵堂

月池菴在永昌坊

五雲菴在都泗坊

白雲菴在安寧坊

鐵磬菴在稽山坊之春波橋南

雲音菴在第一都前有放生蕩陶董徐張四姓公置

善覺菴在縣東一十二里與少微山相近萬曆二十七年知縣羅相重修碑記黃猷吉撰文王思任書丹陸夢龍篆額雲棲蓮池常住錫于此

廣福庵在第二都一名小浮圖

仙姑菴在稱山巔土人以祀鮑柳二仙姑其來久矣菴則怪石纍纍後臨大海前揖攢宮諸峯最奇勝崇禎丁丑回祿今暫建山下而攢宮之仙姑殿乃另造非改遷也

天華菴在駐蹕嶺

桃源菴在南鎮南幽巖曲徑別一洞天

南天竺菴在南鎮之東山頂上舊名朝南墳堂

鐵壁居菴在望仙橋之上與南天竺相近

拈花菴在三衘埠明洪武間建有古碑舜窰佛像後廢今順治甲午僧湛如重建

天授菴在天花山董景憲捨山田僧指中建

職峯菴在曹娥西南晉時建明僧止水重修望先又修有菴田以供焚修

太平菴在太平嶺洞宗爾師建

息菴在嵩峯之麓舊址晉開運五年建治平間名爲清泰院康熙年間僧法住建

石屏菴在縣東五里僧侑德重建

天峯菴在天荒山卽顯聖湛然從妙峯出家之地

雲峯菴在大螺山僧別奇建

曇花菴在日鑄村古名寺基崗寶蓮山寓住僧大生名寂祥

的菴在縣東三十里望仙橋下爐峯之麓面射的山有陽明洞鍾樓址舊傳外雲門六寺有二菴此其一也崇禎壬申洞宗僧瑒通闡道於此因拓建焉

孤竹菴在平水王思任建卒於菴內

古艸菴在寧桑僧順心重建

觀音堂在中望花坊

五聖堂在東大坊以上二堂郡城創建不一此因舊志所載仍存之

三官堂在縣前各廟供奉最爲靈應

大樹茶亭在西大坊又名廣蔭庵庵前有千年大樹蔭庇數畝地爲省會通衢台温孔道順治六年善士傅上林同僧敬遠斐彝太生德光等募置齋僧田百數十畝往來行脚躡屩負笠而至者日以千百計接衆叢林爲越城第一

育嬰堂與山陰同會首劉世洙姜垚王錫詔范嗣任何紹美金宗彝李昭明陸建績虞敬道虞鄉宋運暐傳文升諸公韜同陶國柱丁鴻祖王禎巳屠昌耀倪承彬陳世斌胡登顯各捐貲建凡有淹溺棄嬰僱乳媼分養之寒則給衣病則療藥屢奉部撫藩臬優奬柴世盛捨田叁百畝儒醫張坤芳施藥不取値

會稽縣志卷第十六　終

會稽縣志卷第十七

武備志

軍制　訓練　險要　軍需　賞格　軍器

戰船　巡警　保甲

會稽非用武地也有重山複嶺襟江而負海其民俗尚文故曰非用武地也以其有重山複嶺襟江而負海民俗尚文則不可無武備也舊志無武備非邑無武備也不足志今所志豈具文已哉

軍制

宋州縣有廂軍供雜役禁軍供戰守巡徼控扼則有弓手司之皆以募充禁軍九營雄節係將第一指揮營在第五廂奏望門熙寧二年置額五百人威捷係將第二指揮營在第一廂都亭橋大觀二年置額五百人全捷係將第四指揮營在第五廂奏望門宣和五年置額五百人全捷不係將第十三指揮營在第五廂奏望門宣和五年置額五百人防守步軍司指揮在攢宮禁圍外紹興二年以後置永祐陵二百五十五人永思陵八十五人永阜

陵八十五人永崇陵七十八人寧宗以後諸陵悉應各置有軍今無考以外四軍以營地不在會稽故不詳錄堰營八營在會稽者二都泗堰營在縣東額二十五人曹娥堰營在縣東南額五十人土軍十三寨在會稽者一曹娥寨額八十人弓手九十五人

凡各縣立千戶所以鎮壓各處其所部之軍每歲第遷口糧本縣關支中統十五年九月詔分揀諸所括軍驗事力乏絶者爲民其恃權豪避役者復爲

兵

明洪武初設民兵萬戶府揀民間蹶張編伍而訓練之有事從征事平歸農迨兵府革而軍政屬之本郡清軍同知其間有正軍有民兵均受其節制正軍則衛所之軍是已詳見郡志正統十四年詔選民壯令本地官司統領操練遇警調用事竣還田天順元年令招募民壯官給鞍馬器械本戶有糧與免五石仍免戶下二丁以資供給弘治二年令選民壯須年二十以上五十以下壯勇之人春秋每月兩操至冬操三歇三遇警調集官給行糧官司私役民壯者以私役軍餘

例科之正統六年江西寇作詔僉民壯守禦每縣千餘人十三年減爲六百餘人十九年定爲每里一人其法按田編僉隨正軍操演保障城邑嘉靖三十三等年倭寇卒發始設總督軍門及提督軍務等大臣遠調四川湖廣山東河南諸處水陸官兵戰守復調保靖永順等宣慰司土兵有司供億所費不貲卒無成效而本地艮家子漸習戰鬬奮行間且熟諳水鄉地利勇氣倍於客兵如平望之戰永保宣慰兵皆失利獨浙直鄉兵左右翼擊之

賊遂大潰斬獲幾盡議者始欲專任鄉兵矣崇禎九年中原流寇從橫詔天下各州縣團練鄉兵本縣遵照部文每里各報募鄉兵一名設櫃徵錢如每丁無糧者徵錢十文糧三錢以上者徵錢二十文糧一兩以上者徵錢三十文三十文之外無加焉每名歲給餉錢三千文俱按季給發衣甲器械亦以此錢每年置給選材官為統練每月以二八日操演以備不時調用又稽核存庫舊器不堪用者命匠修造以給鄉兵〔嘉興縣志〕有泰和鄉紳素號知兵者曰鄉兵易潰皆

於站脚不定須得營兵以爲前隊則鄉兵有所倚而步伐斯齊矣一百營兵可以率五百鄉兵是以一百人而得六百之用斯言可爲用鄉兵之良法

瀝海所千戸一員百戸八員鎮撫二員額軍一千一百二十名帶管一百名召募一百五名民兵二百八十八名

黄家堰弓兵三十四名

皇清瀝海所設千總一員兵二百名紹興協鎮左營都司王自功移文附

錄康熙十年紹協鎮左營都司王爲修志事内開順治三年六月内大兵縣省城至紹郡即丙戌定越之始也設副將二員守備七員帶兵一千五百四十名時因初定山賊海寇兩訌當蒙憲慮隨發

旗下總兵官一員臨紹興鎮守統官兵一千六百員名順治五年間蒙部議始定經制裁去前項陞額設紹興城守副總兵一員轄左右兩營每營各設都司一員守備一員千總二員把總四員兩營共副都守千把官一十七員帶兵一千六百名馬一步九此經制之額也第初定時山會等共八縣地方賊寇嘯聚據險盤踞傷殘百姓紹鎮官兵分頭遣發直擣巢穴至八年稍有寧宇又海寇連檣窺伺所屬邊海屢經入犯蒙撫院蕭起元題爲閩寇增船流突等事奉文兩營共增兵五百名順治八年間蒙

上差蘇大人查看邊海其温台寧三府居民遷徙內地唯我紹屬止插界旗以內外限生死康熙二年奉文沿海密釘界樁築造烟缸墩堠臺寨豎旗竿設目兵五名十名不等晝夜巡探編立傳烽歌詞備禦戒嚴康熙三年間蒙部議將寧波提督移駐紹興府其紹興府總兵移駐三江所康熙四年蒙閩

蒙

上差大人他胡西三位駐劄定海招撫投誠巡視海
邊每年輪流五六次不等五年間奉撤七年間蒙
上差巡海大人邁濟查三位同總督部院趙福建
出巡八年二月內到紹同提督劉議定仍將提督
移駐寧波將紹協副總兵同左營都司右營守備
帶千把官八員兵丁六百名回駐紹城其三
江所安設右營都司一員把總一員兵三百名瀝
海所設千總一員兵二百名臨山衛設千總一員
兵二百名觀海衛設守備一員把總一員帶兵三
百名奉文于五月二十四日紹協副總兵因前衙
署營房歸還房主管業府縣會議紹協副總兵
暫駐分守道衙門左營都司係兩縣暫借常禧坊
張宦房屋爲公署右營守備暫駐都泗民房其把
總紅旗百隊兵丁有山陰縣上植下植兩坊提標
舊駐民房六百餘間安插又有會稽縣點中望都
泗坊提標舊住民房若干間安插右營官兵外及
投誠効用官兵俱兩縣安插庵堂寺院暫駐今實
在官兵除奉文抽調防守外府裁減淨兩營止額

兵一千八百五十名每月共支餉銀貳千肆百壹拾兩柒錢肆分叁厘柒毫糧米伍百陸拾伍石官馬皆官自備共壹百壹拾柒匹兩營軍火器械銃砲鎗刀弓箭籐牌盔甲鉛鐵彈子等項共貳萬叁千壹百玖拾貳觔件沿海城堡臨觀瀝海三江共五座防邊臺寨連寧波府屬共三十一座內慈谿之松浦古窰奄浦新浦下寶旗山東山共七臺因本標官兵駐防觀海分撥汛兵代防寧屬七臺外紹屬共止二十四臺自蕭山縣龕山臺起至山陰縣烏峯臺龜山臺黨山臺馬鞍臺蒙池臺宋家漊臺會稽宣港臺鎮塘臺桑盆臺判官臺瀝海北門臺上虞縣踏浦臺荷花臺顧家路臺塹橋路臺崔家路臺趙家路臺勝山臺曲塘臺以上沿海縣共二十四臺外尚有蕭山之長山臺餘姚之臨山北門臺二臺皆同時建造今已奉文撤防惟查郡城垜口共二千七百三十六個窩鋪一百十八座外今又奉總督部院憲文內開觀海衛仍設守備一員把總一員減兵一百名仍帶兵二百名臨山衛

改設都司一員減兵五十名仍帶兵一百五十名
瀝海所千總一員減兵一百名仍帶兵一百名三
江所改設千總一員減兵二百名仍帶兵一百名
沿海各臺兵共計一百七十名今應照舊其餘所
存官兵俱留紹興府城及派防內地各縣城港汛
地之用等因遵行在案尚未更換但年深月久營
職陞遷吏書不一本司任前無從核實僅以大畧
備錄移覆云云

訓練

教閱之法有二一曰營法二曰陣法所謂營法者
六軍營索四十有八前軍赤後軍黑左軍青右軍
白左虞候黃右虞候綠經索五百尺圍索二百尺
衛索五十尺定營工二十四人內十二人掌經索

圍索各一又十二人掌經索街索各一並以木杙
自隨子壕砦六人執隨營索色旗一木椎一都壕
砦一人掌營盤一椎一杙一黃天王旗一據營地
中然後子壕砦乃分執其事設幕布車浚濠立柵
所謂陣法者其別有六一曰方陣四鼓舉白旗則
爲之二曰圓陣五鼓舉黃旗則爲之三曰曲陣一
鼓舉黑旗則爲之四曰直陣三鼓舉青旗則爲之
五曰銳陣二鼓舉赤旗則爲之六曰五陣互變視
大將黃旗周麾則爲之大將之誓詞曰今與將士

同習戰陣明視旗麾審聽金鼓出入分合坐作進退不如令者軍有常刑自承平以來帥守入教場多帽帶皂衫如古輕裘緩帶之意亦或巾幘戰袍犀玉束帶畧與將士同服以示臨事與常服不同各一說也

府教場自晉以來並在五雲門外唐遷城西迎恩門外今謂之古教場宋時有大小二所小教場在臥龍山上嘉定間郡守汪綱以其狹隘廢之大教場在府署東南五里一百五十步稽山門內明洪

武初遷于府署西南一里三十步常禧門内有演武堂前築將臺其地曠衍可二百畝歲久爲軍民侵牟嘉靖間御史舒汀按節觀兵始正規制築四圍墻東西深二百四十一弓官廳前南北横廣九十一弓西盡墻南北横廣五十弓總八十五畝有奇

國朝因之協鎮標兵多牧馬於此或時操演騎射并較試武生童弓馬山會同於府教場

險要

三江閘北去府城三十八里山會蕭賴此蓄水宜
防守

抱姑堰西去府城五十二里上連鏡湖下接小江

曹娥埭東去府城九十二里江水湍急隔斷兩岸
偪江而營利守不利戰

石堰東去府城諸水之會可駐兵備城

駐日嶺西南去府城八十里諸暨界元末袁廷舉
聚鄉兵處

邢浦晉孫恩破謝琰軍處不知何地大約去娥江

不遠以上皆內地宜設備者也

瀝海所隘二曰施湖隘曰四滙隘舊以二處海水衝激寇舟易泊特立寨委官一員旗軍五十名守之今廢

烽堠散在瀝海所東路曰楝樹墩曰北海塘墩曰五里墩曰前莊墩曰槎浦墩曰胡家池墩並高二丈三尺築亭于上以瞭遠每墩軍士五人守之有警則晝舉烟夕舉火以爲驗編立傳烽歌并發更籌每夜二轉備禦戒嚴近又增設烟墩寨臺五座

一在宋家漊與山陰合造　一在宣港一在桑盆一在瀝海西滙嘴一在瀝海所北門又木樓一座曰鎮塘砲臺一座在判官廟俱撥兵防守

蟶浦北對浙西石墩南至紹興府城通連大海若突腹裏由沿江塘路至百官梁湖直抵上虞兵船哨守不可一日少緩以上皆外地宜設備者也

軍需

瀝海所官兵支糧總載協鎮王自功移文內

沿海漁稅永樂間漁人引倭爲患禁片帆寸板不

許下海後以小民衣食所賴稍寬禁嘉靖三十年
後倭患起復禁華三十五年總督胡宗憲以海禁
太嚴生理日促轉而從盜奏令漁船自備器械排
甲互保無事爲漁有警則調取同兵船兼布防守
先是巡鹽御史董威題定漁船各立一甲頭管束
仍量船大小納稅給與由帖方許買鹽下海捕魚
所得鹽稅以十分爲率五分起解運司五分存留
該府聽候支用每年三月以裏黃魚生發之時各
納稅銀許其納䑸出洋捕魚至五月各令回港萬

曆二年巡撫方弘靖復題令編立艅綱紀甲并立
哨長管束不許攙前落後仍撥兵船數隻選慣海
官員統領于漁船下網處巡邏遇賊即勦說者曰
海民生理半年生計在田半年生計在海故稻不
收者謂之田荒魚不收者謂之海荒其淡水門海
洋乃產黃魚之淵藪也每年小滿前後政風汛之
時漁船出海捕魚者動以千計其於風濤則便習
也要害則熟諳也器械則鋒利也格鬭則敢勇也
驅而用之亦足以捍敵緝而稅之尤足以贍軍向

乃疑其勾引而厲禁之遂使民不聊生潛逸而從盜矣故緝名以稽其出入領旗以辨其眞僞納稅以徵其課程結䑸以連其犄角而又抽取官兵以爲之聲援不惟聽其自便且資其扞禦矣豈其取給於區區之稅以助軍輿之萬一耶

漁船監稅則例〔大雙桅船〕每隻納船稅銀四兩二錢漁稅銀三兩鹽稅銀六錢旗銀三錢〔中雙桅船〕每隻納船稅銀二兩八錢漁稅銀二兩鹽稅銀四錢旗銀二錢〔單桅船〕每隻納船稅銀一兩六錢八分漁稅銀一兩二錢鹽稅銀二錢四分旗銀一錢〔尖船對桅船〕每隻納船稅銀一兩一錢二分漁稅銀八錢鹽課銀一錢六分旗銀八分〔厰艓船〕每隻納船稅銀七錢漁稅銀五錢鹽稅銀一錢旗銀五分近港不捕黃魚止捕魚

蝦柴鹿艚網小船）每隻納船稅銀叁錢鹽稅銀六分旗銀一錢（河條溪船）每隻納船稅銀三錢漁稅銀三錢鹽稅銀二錢四分旗銀三分（採捕墨魚紫菜泥螺等項海味對槐尖船）每隻納船稅銀一兩一錢二分鹽稅銀一錢六分隆慶間巡鹽張更化又題加稅大雙槐每隻連前共納銀二兩四錢中雙槐每隻一兩二錢单槐六錢尖槐四錢八分厰艍船三錢六分典河船二錢四分對槐船四錢八分

官窰磚瓦

先年衛所各有官窰撥軍數十名取土釆薪燒造磚瓦如遇城舖小損卽隨時修砌止計木灰倩匠工食之費其法甚善後因軍士凋耗遂行停止少有損壞輙申請委官估計文移往復經年以致日漸傾頽及至呈允撮買見成磚瓦聊爲搪塞萬曆三十三年海道議行嚴查各衛所窰地基址每衛撥正軍二十名所十名專在窰燒造燒完磚瓦刊寫年分做造姓名運回本衙門收貯遇城梁損壞卽呈請修葺

每年燒青磚一千塊瓦二千片

賞格

隆慶四年例願陞者一擒斬眞倭首級幾名顆查係眞正其功委難例應世襲一擒斬眞倭首級幾名顆功係稍易止終本身願賞者一擒斬眞倭從賊首級查係眞正其功委難每名顆賞銀五十兩一擒斬眞倭從賊首級及漢人脇從首級功係稍易每名顆各賞銀二十兩隆慶六年例各衛指揮千百戶獲倭船一艘及賊者陞一級賞銀五十兩鈔五十錠在船軍士生擒殺獲倭賊一人者賞銀五十兩陸地交戰生擒殺獲一人者賞銀二十兩水陸主客官軍民快人等臨陣擒斬有名眞倭賊首一名顆者陞實授三級不願陞者賞銀一百五十兩獲眞倭從賊一名顆并陣亡者陞實授一級不願陞者賞銀五十兩獲漢人脇從賊一名顆陞授署一級不願陞者賞銀二十兩擒賊功次内地反賊一人擒斬六名顆陞一級至十八名顆陞三級係壯男實授幼婦男女與十九名顆以上并不

及數者俱給賞（流賊）一人爲首一人爲從二人者
陣擒斬有名劇賊一名顆爲首者陞實授一級世
襲如不願陞者賞銀三十兩爲從者給賞就陣擒
斬以次劇賊一名顆爲首者授署一級世襲不願
陞者賞銀十兩爲從者量賞就陣擒斬從賊三名
顆爲首者陞實授一級世襲不願陞者賞銀十五
兩爲從者給賞緝獲者不在此例就陣擒斬從賊
一名顆爲首者賞銀五兩二名顆爲首者賞銀十
兩爲從者俱止量賞緝獲者不在此例前項功次
一人自擒斬不分首從者照前陞賞六名顆以上
至九名顆者止陞實授二級世襲不願陞者賞銀
二十兩不及六名顆者除實授一級外加算共賞
銀一人爲首者二人或三人四五人俱爲從共斬
賊一名顆者不必分別首從共賞銀五兩均分陣
亡者陞實授一級世襲如不願陞者賞銀十兩重
傷回營身故者陞署一級如不願陞者賞銀七兩
一人獨斬隨從賊人十五六歲小首級一名顆者
量賞二名顆者給賞三名顆者加賞當先破敵被

傷者給賞其不係臨陣緝捕從賊一名顆者賞銀四兩二名顆者賞銀八兩三名顆者賞銀一十二兩四名顆者陞實授一級世襲不賞一人爲首或二人三五人爲從緝獲從賊一名顆者賞銀四兩不分首從均分說者曰剿倭之策海易而陸難然水戰又以犂沈賊船爲上計縛賊次之陸戰以摧鋒陷陣爲上計斬獲次之惟重水戰之賞則賊不得登岸邊民不知有兵四境晏然矣此海防要策也

軍器

水兵長技　軍火互用如賊船離遠則以鳥銃百子銃發貢爲先賊船偪近則以長鎗鏢箭籐牌爲[illegible]

各派器械泊守本境遇掣與陸兵齊操陸兵長技長短相濟中哨三隊俱習鳥銃每什以二人習刀牌二人習狼筅四人習長鎗二人習鈎鐮短鎗暇時俱習弓弩如鳥銃衝陣則刀牌手護之刀牌手衝陣則長鎗手護之弓弩鎗鐮手衝陣則狼筅手護之此兵制之常經也衞所各有軍器局縣署內有火藥庫今俱廢而藤牌狼筅等器亦俱不設止用弓箭長鎗鳥銃等項城門有大砲守之每二十垛又有架砲臺以防不測

戰船

明制沿海原有戰船其名目不一或三年小修六年重修九年拆造或一年二年燂洗三年輕修四年重修五年拆造至

國朝重沿海之防戰船則有鳥船水艍雙篷艍水底攻沙船虎船之類定制五年一修十年一造民間或以爲累康熙四年部院趙廷臣批行官採官造而科派始革說者曰探哨莫便于刀舸衝犂必資于樓艦福船形勢巍峩望若丘山建大將之旗鼓

風行瀚海撲賊艇如鷹鸇此海防第一法也然而轉折艱難非順風潮莫動或造作脆薄又苦颶浪難支唯利深洋耳若小哨叭喇唬之類則追剿便捷易于趨利故奸事材官遂爲小船當增大船當減且云於作料爲省不知小船止利於零賊之追捕而不利於大舉之仰攻豈可因噎而廢食耶

巡警

鋪舍凡二十一每鋪屋一間各具器械以備不虞

府學前鋪在上望坊

觀音橋鋪在中望坊

戚家橋鋪在下望坊

都亭橋鋪在東陶坊

金家廟鋪在西陶坊

西竹園鋪在朝東坊

目蓮橋鋪在稽山坊

栁橋鋪在東仰坊

開元寺前鋪　千秋鋪　昌安鋪並在安寧坊

廣寧橋鋪　斜橋鋪並在西府坊

黃峯橋鋪　大善橋鋪在永昌坊

雙井鋪在東府坊

黃鐵頭橋鋪在都泗坊

長橋鋪　倉前鋪並在石童坊

新橋口鋪在西大坊

小寶祐橋鋪在東大坊

哨探之規各區官兵分撥小哨叭喇唬綱船輪流遠出外洋往來哨邏仍與鄰近兵交相會哨烽堠撥軍瞭望遇有警急通行飛報其出哨者撫臺有

單汛兵皆會哨取單憲司仍刊刷哨符發各總照
依派定處所給符往來會哨交符俱塡發日到日
時刻汛畢檢核不許近洋交單其沿海烽堠臺寨
置立循環哨籌每日南北各遞發一籌彼此循環
無分雨夜逐墩遞送傳報有無聲息責令陸路官
置簿登記遞到籌號姓名日時每五日類驛飛報
各將領皆親督兵船出洋哨探遇賊船經由汛地
卽從實飛報某處賊船幾隻大約賊有幾何傳報
鄰境分頭防禦應援卽急督官兵相機夾剿其逆

哨兵船見賊即報不拘定汛地其虛張聲勢及望
風輕報者核實治罪若賊在洋搶擄而隱匿不報
者處以軍法
大抵倭船之來恒在清明之後前乎此風候不常
難準定清明後方多東北風且積久不變過五月
風自南來不利于行矣重陽後風亦有東北者過
十月風自西北來亦非所利故防海者以三四五
月爲大汛九十月爲小汛其帆檣所向一視乎風
有備者勝

保甲

十家牌式其法甚約其治甚廣果能着實舉行不但盜賊可息詞訟可簡因是而修之補其偏而救其弊則賦役可均因是而修之連其伍而制其什則外侮可禦因是而修之警其薄而勸其厚則風俗可淳因是而修之導以德而訓以禮則禮樂可興凡有司之有高才遠識者亦不必更立法制其於民情土俗或有未諳但循此而潤色修舉之則一邑之治可以不勞而致言之所不能盡者各爲

精思熟究而力行之毋徒紙上空言竟成掛壁之

虚文庶乎其可矣　王守仁

清康熙十一年

甲共三千五百八十九

戸共三萬五千二百八十二

丁共七萬二千四百七十五

城鄉各行保甲法每十家爲一甲各書男婦若干

口一甲立一甲長每十甲爲一保立一保長印捕

官按期查點凡盜賊逃人俱令互相盤詰

沿海居民五家爲伍十家爲保伍有伍長保有保長防察奸民下海有警則協力禦敵

府城于要隘處各立栅門一更盡則閉五更初則啓十家輪流守視

水鄉于橋渡處皆設水栅名曰潑江龍一更盡則閉五更初則啓令該地方里長總甲守之所以防萑苻之竊發也若世際昇平又不在此例

會稽縣志卷第十七終

會稽縣志卷第十八

職官志

令　丞　簿　尉　教諭　訓導

職官之志無所取取于邑若校之題名記而表之耳蓋彼之記者遇一官則書曰某遇一師則書曰某不問其人之臧否與無所臧否者也故此之志者考一官則謹書如記曰某考一師則謹書如記曰某亦不問其人之臧否與無所臧否者也間有逸于題名而掛于他書者則謹采而書之亦如前

之不問其人焉同于題名而已雖然亦間有遇其人之賢而不得不問又拘于傳之例而不敢遽入者則爲稍書數語于其名之下此爲異于題名云爾　徐渭

舊志云隋始置縣則吏茲土者亦自隋始顧縣乘不作名佚不傳自隋歷元凡八百餘年僅得令三十有五丞以下不多聞焉明初以來世雖未遠亦缺佚未備姑記其所知者以俟按此昔之所遺今無復補止增其繼起者

唐李俊之開元十四年任有傳　李堯年貞元元年任元　李左次二十八年任

竇伯元洛陽人永泰元年任　王濼字瀑源臨沂人元和十三年任

孫孝哲清河人大中二年任　吳鐐乾寧二年任有傳

宋曾公亮天聖六年任有傳

謝景溫字師直富陽人慶曆六年任按餘姚縣志謝景初字師厚慶曆七年知餘姚當時王介甫知鄞韓玉如知錢塘景初知姚其弟師直知會稽吳越令長咸視此四公爲法處士孫侔爲文記之　劉眞長元豐三年任　宋之珍崇寧四年任

吳俅五年任　韓俅建炎三年任有傳

陸之望　海鹽人紹興十二年任進士王十朋代王尚書辟陸宰狀曰臣叨膺聖寄待罪近甸其所領州號爲浙東帥府屬邑有八山陰負郭而最大近知縣許某到官及旬淑而遽求其後任某亦已物故緣山陰係是緊切不可缺官處臣竊見前會稽知縣左奉議郎陸之望爲治寬平持已廉靜長于撫字蔚有政聲會稽士民僧道等前後屢經本府及監司舉留狀牘具存其人今方罷官適山陰缺宰臣遂令暫攝職事邑人咸喜臣今欲依條令辟舉陸之望充山陰知縣以慰一邑士庶之心臣如妄舉甘服

朝典伏乞聖慈特賜俞允

錢某　王十朋啓曰某官家傳忠孝世嗣簪纓治所至而有聲才無施而不可矧會稽之大邑實吾越之故封先王之遺愛尚存而里之良民易化況舊令尹之治方結于去思聞今大夫之賢益[illegible]于先覲靡侯報政佇膺迅除某竊第懷慚愧[illegible][illegible]補幕中贊畫叨爲王儉之下僚堂上鳴繼術[illegible][illegible]

父之美化

范嗣蠡 字益中蘭谿人進士紹興二十一年任

李大正 建安人乾道中任　楊憲 淳熙九年任　吳祖義 淳熙中任

王時會 四明人紹熙五年任　歐陽汲 嘉定三年任　吳行可 嘉定中任

董楷 端平三年任　高彭 松陽人淳祐中任　蔡攀龍 淳祐八年任

元

達魯花赤 以蒙古色目人爲之監縣事兼課農收掌縣印

先帖木兒登 至元三年任　不兒罕忽里 四年任

李誠 十九年任　吳晉 二十六年任　王文質 三十年任

亦福的哈魯丁表 大德七年任　胡忠 至大二年任

陳八里台 延祐二年任　霍文輔 大定四年任　哈剌哈孫 天曆二年

呂誠元統元年任有傳　夏日孜至正四年任　趙天祥十一年任

周舜臣十九年任有傳

明

戴鵬洪武元年任有傳後改山陰　王宗仁二年任有傳

淩漢河南人十九年任有傳　李照祿二十一年任　余善慶二十五年任

鄒魯二十九年任有傳　周寅永樂三年任　朱孟童八年任有傳

王悰十七年任　陳鍠宣德五年任有傳　孫熙正統元年任

王倫四年任　曹恕五年任　劉仲恆七年任

曾昂十三年任有傳　尹昌景泰七年任　陳鑑五年任

李載永平人成化元年任　劉淮章丘人七年任　郭珙十二年任有傳

吳珍沭陽人進士十四年任　巫瑗豐城人十九年任　韓祥二十二年任有傳

陳堯弼弘治三年任有傳　楊溢無錫人進士十年任　王鍇遼東進士十六年任

單麟新都人舉人十八年任陞太僕寺丞

陳玉輝縣人進士正德四年任以御史出知縣事陞僉事　李懋丹徒人舉人六年任

黃國泰臨清人進士八年任陞南京戶部主事　楊來鳳十年任有傳

徐岱威遠人進士十三年任陞御史　高世魁十六年任有傳

林炳閩縣人嘉靖五年任　王文儒桂林人進士七年任

王教華亭人進士十一年任　牛斗山陽人進士十五年任

吳希孟武進人進士廿年任　華舜欽無錫人進士二十一年任

張鑑二十四年任有傳　唐時舉咸寧人進士二十七年任

陳懋觀長樂人進士三十二年任蒞任兩月以憂去民懷其惠會山陰缺尹泉乞補之

古文炳番陽人進士三十四年任

張進思沁州人進士三十八年任

莊國禎晉江人進士四十二年任

傅良諫臨川人進士四十六年任

楊節祥符人進士隆慶四年任　楊維新丹徒人進士萬曆元年任

馬洛如皐人進士四年任陞通判

吳達可宜興人進士五年任陞御史

劉綺 泗陽人進士七年任陞南京戶部主事

曹繼孝 黃岡人進士十二年任陞同知

林廷奎 福清人十八年任　羅相 新建人進士二十一年任有傳

翁愈祥 常熟人進士有傳　戴九元 瑞州人進士　趙士諤 有傳

史垂則 有傳　彭汝楠 福建人有傳　黃鳴俊 福建人進士

陳國器 福建人進士　孫璘 湖廣人　張夬 南京人進士

林逢春 廣東人進士　周燦 吳江人進士　楊鵬翼 山西人進士

皇清

沈文理 順治三年任陞知府　黃貞 四年任　崔宗泰 六年任有傳

郭維藩陝西人順治十一年任

黄初覺徽州人順治十三年任

鎖文開河南人順治十六年任

張應薇四川人舉人順治十七年任

王安世福建人舉人康熙三年任

呂化龍廣東人舉人康熙十年任

丞

宋李知元　龍泉人政和中按龍泉縣志知元崇寧癸未以累舉出官除撫州法曹轉知江陰（江陰志作政和二年任）寬簡樂易不苟不擾被召主國子簿領職朞月改出貳政會稽復除監丞宣和間以朝奉郎致仕

趙師郡　朱晦翁婿慶元元年任

元薛起宗

姜周翰　至治九年任

王元丞　元統元年任

程脫因　至正四年任

彭仲宣　十七年任有傳

郭郁

明胡中　洪武元年任

陸平　永樂三年任有傳

余仲堅　十七年任

韓英　天順五年任

馬馴　成化元年任

王衡　二十二年任

史瑄　弘治三年任

易坤　十年任

李銳　十六年任

吳能十八年任　楊英正德四年任　袁滇六年任

張璠十年任　朱繪十三年任　張時中十六年任

石繼芳嘉靖七年任　廖振纓十一年任　吳漢十五年任

吳希孟十九年任陞知縣　羅尚介二十年任　徐節二十二年任

金瑤休寧人二十三年任歲貢學邃政淳雖以憂亟去人至今思之

張談二十七年任　孔璉歲貢壽州人三十年任

王珈貴州人三十四年任　韓良弼襄陽人三十七年任

萬良勳南昌人四十二年任　喻南岱新建人四十四年任

羅璧賀縣人隆慶四年任　田槐丹徒人萬曆元年任吏員

郁學思　姚和陽　唐九成

羅光岳　沙起龍　單士元

龍興霖　曹淑惠　施宗堯

張啟忠　黃若

官撫煥 順治二年歸順委署縣事死難贈按察司僉事祭葬廕一子

皇清

張所蘊 選貢順治三年任陞苑馬寺監正　金際昌

陳調鼎　吳道焜 康熙二年任吏員陞新鄭知縣

趙驥 五年任拔貢　石金剖 十年任拔貢

會稽縣志　卷十八　職官志　丞　七

簿

宋林日華 紹興中棄官還鄉王十朋有詩送之曰望秦秦望山葱葱木秋先作歸歸意濃三山深處孟園好松菊恨君歸不早拂衣高舉追冥鴻不將詩别乖崖翁年來處士徑尤捷美秩清資等閒躐君特高歌慕隱淪林下何曾見一人芋魁豆飯吾亦有深愧折腰貪五斗

徐詡 按建寧府志詡字元敏浦城人登紹興二十年進士調會稽主簿再任上元縣丞陞知龍泉縣召對除監察御史上陳六事終江東轉運使

元孟潼 天曆二年任

買驢 至正四年任

毛彦穎 至正中同彭仲宣傳

明鍾瑀 洪武元年任善隸三友亭記其書也

潘希禹 永樂八年任

趙慶 十七年任

王宗器 二十年任

龔艮 天順五年任

黃仲成化元年任　劉聚十二年任　吴誠二十二年任

陳端弘治三年任　曹憲十六年任　黃楨正德二年任

穆昺四年任　曹振六年任　易昶十年任

張傑十三年任　楊晉十六年任　趙鑑嘉靖七年任

鍾仕達十五年任　蔣環十八年任　徐節二十二年任

盧紘二十七年任　錢可勤丹徒人三十二年任　張恩應天人三十六年任

陸玠廣西人三十八年任　安守義思南人四十二年任　楊初亳州人四十五年任

王建極亳州人四十六年任　唐自治華亭人隆慶五年任　唐琦陽山人歲貢萬曆二年任

趙令　汪太平　馬士元　李憲章　浦謨

尉

宋

喻叔奇 紹興中王十朋贈詩并序曰叔奇攝會稽公事之暇必訪僕於民事堂終夕論文欣然相得輒成小詩見意同舍同年友天資迥不羣詩文侵晉宋兄弟類機雲梅市訪山侶蘭亭懷右軍公餘時過我無酒亦論文

梁安老 擅詩名見山川部中何山下

徐次鐸 慶元元年任有傳

趙與懽 嘉定中任附徐傳

鄭虎臣 字景召吳郡人德祐元年任按宋史賈似道貶循州福王與芮素恨似道募有能殺似道者使送之貶所有會稽尉鄭虎臣欣然請行似道行時侍妾尚數十人虎臣悉屏去奪其寶玉徹籌蓋暴行秋日中令舁轎夫唱杭州歌謔之每名斥似道辱之備至似道至古寺中壁有吳潛南所題詩字虎臣呼似道謂曰吳丞相何以至此似道慚不能對孫嶸叟王應麟奏似道家畜乘輿

御服物有反狀乞斬之詔遣鞫問未至八月似道至漳州木綿庵虎臣屢諷之自殺不聽曰太皇許我不死虎臣曰吾爲天下殺似道雖死何憾拉殺之人咸稱快焉

元

洪鈞天曆二年任　王恭元統四年任　毛彥穎至正二十年任有傳

明

鄭魯泗州人洪武二十五年任陞本縣知縣　趙斌永樂十七年任

高彬成化元年任　伍安二十二年任　張弘弘治元年任

孫溫三年任　李祥十年任　徐傑正德六年任

張以倉十三年任　林祥福十六年任　吳德嘉靖五年任

李廷芳七年任　王璧十五年任　林希俊十八年任

游世華二十七年任

吳成器休寧人三十二年任由吏員有才幹頗識兵時倭寇四起成器多斬馘越人往往卽其戰處祠之以軍功擢本府通判罷歸

朱自強蒙陰人三十四年任

李炳四十二年任

盧梁潛山人四十二年任

張欽合肥人吏員隆慶六年任

高文秀萬曆中任

李慧人

何誨

潘文進

陳所任

林大用六合人

李大德和州人

李萬福建人

陳忠湖廣人

裴必茂

鄒成恐順天人

張其亮江南人

皇清

黃貞陞本縣知縣

侯國封

葉世德

任文先　順治十六年任

陰如侗　康熙十一年任

教諭

元
岑伯玉 餘姚人至元二十六年任　王希賢 三十年任
王若拙 大德七年任　童桂 大定四年任有傳　陳起宗 元統元年任
張用康 至正二年任

明
李仲虞 天台人洪武二年任　蔣鑄 永樂八年任　王原
丘九思 正統元年任　楊必達 天順元年任　陳華玉 五年任
趙英 成化元年任　林橙 七年任　羅文 十二年任
陳崇儒 十九年任　陳元祿 弘治二年任　徐夢麒 八年任
黃相 十八年任　楊輔 邳州人進士正德四年任

李林松六年任　陳璉十年任　張槩十六年任

陳驥嘉靖七年任　劉有生十一年任　陳來二十年任

徐櫆懷安人舉人二十六年任　張鏊桐陵人三十一年任　陳才沙縣人三十五年任

劉璞長洲人舉人三十八年任　余城莆陽人舉人　錢廉華亭人四十四年任

張秉學上海人四十五年任　陳其範莆田人舉人隆慶四年任

劉鈺瓊山人歲貢六年任　蔣璠海寧人歲貢萬曆元年任

黃起先莆田人舉人　徐伯溫蘭谿人　孫性之南昌人

金用明　章國柱四十六年任　陳起淳天啓四年任

葉杰六年任　孫啓文崇禎三年任　章日煇六年任

周祚新九年任　胡恆十二年任　王捷十五年任

吳圭一

皇清

袁象嵩順治三年任　王廷芸十三年任舉人　水有岳十五年任

葉郁然十七年任　沈象彝十七年任

訓導

元

喻舉　大德七年任　薛元德　天曆二年任　傅巖　至正二年任

明

王在　洪武十九年任　王中　永樂八年任　郭全　正統元年任

吳文澄　天順五年任　謝芳　成化十二年任　鄒禮　弘治二年任

徐貴　八年任　崔紀　吳彰德　十八年任

彭賢　正德二年任　陳璘　四年任　張正

王心　十年任　林文昇　嘉靖中任　詹詔　嘉靖五年任

舒哲　七年任　陳善　十一年任　錢勇　十八年任

廖應斗　范希滂　二十三年任　林憲　二十四年任

吳懋臣二十一年任　羅禮泰和人二十一年任　彭遵教萬載人

舒秀三十六年任　徐循序三十七年任　楊文富三十八年任

葉惠民四十二年任　王克一四十四年任　陶賓臨洮人

張彥欽石首人四十五年任　鄭薦蕪湖人四十六年任　陸守忠金壇人

秦濟懷安人隆慶四年任　盛廷翺臨安人歲貢六年任

姚佑旌德人歲貢萬曆二年任　房棋鳳陽人　楊梓霄開封人

潘文秀新城人　張瓛仁和人　何衡武義人

岑懋德　陳日新　倪廷禎

陳其詩　吳時化天啓五年任　李棟

沈煥然 七年任

曹令儀 七年任

張廷儀

皇清

朱嘉徵 順治三年委署

曹之楨 十六年任

趙賢胤 崇禎四年任

陳邦綸

毛元淳 十六年任

程瑒 七年任

王陛

舒日新 十年任

張有守

張以光 十四年任

會稽縣志卷第十八終

會稽縣志卷第十九

選舉志上

薦辟　制科　貢生　特用

選舉不問其人之何如遇名則書與職官志同取諸科錄以考與考于題名記者同間有書數語于其名之下其例與書數語于職官志之下者亦同故不別論　徐渭

薦辟

薦辟行也科目文也文可飾行不可僞以是有名

於時得聞於上盧毓之言曰名不足以致異人而可以得常士常士畏教慕善然後有名非所當疾也然東漢之號爲儒者類皆矯情飾行以待薦墓旁艸廬何知非終南捷徑哉而近代猶間一舉行將謂眞者亦出其中或藉以風世焉十室之邑必有忠信惟知之實難特志之示所先也

明

洪武元年詔令禮部行所屬選求民間經明行修賢良方正才識兼茂及童子之數

趙淵 洪武元年有傳

錢宰 以隱儒徵有傳

趙文儀 二年鹽運使

徐伯辰 三年

陸思義 四年游六世孫工部員外

六年詔科舉暫停令有司察舉賢才

郭傅七年考功郎中　宣溫九年參政有傳　宋璣十年上林苑監

金方十一年　黄忠十三年侍郎　黄禮十五年知府

永樂元年令內外諸司文職官于臣民間有沉匿下僚隱居田里者各舉所知

羅友寧　錢綸二年御史　張禎遜二十年有傳

嚴援舉人材科知縣　徐光大正統十一年初之子長史見山陰

章璠十四年都御史　胡詮景泰四年州判　胡諧五年

沈璞天順二年性之子　章慈成化十七年瑄之子縣丞

徐鑰十九年光大之子訓導

二十年令

罷保舉

制科

濬山大澤之所産不可以類窮也制爲斧斤爲網罟以畋以漁恐不盡也復剖於石采於淵於是羽毛金錫瑤琨篠簜以類而貢於庭其於所産之類而有人取之也或揚旌或設虞唐宋取以詩賦經義恐不盡也復爲制科於是博學宏詞賢良方正材識兼茂以類而貢於庭在會稽與竹箭等

唐

康子元　開元初中明經科秘書監有傳

宋沈摽　淳化三年登賢良方正科仕至御史糾劾權貴爲時所重
錢易　景德三年昆之弟光祿寺丞中賢良方正直言極諫科終通判有傳
齊唐　天聖中兩中制科終職方員外郎有傳
錢明逸　慶曆二年易之子殿中丞中材識兼茂明于體用科附兄彥遠傳
錢彥遠　慶曆六年易之子太常博士中賢良方正直言極諫科終右司諫有傳
顧臨　皇祐五年中明經科賜九經出身終學士知河南有傳
夏噩　嘉祐二年明州觀察推官中材識兼茂明于體用科
王俊　宣和元年中詞學兼茂科冀州教授
許著舒　乾道五年左迪功郎廣德軍教授中博學宏詞科

胡太初 嘉熙三年中詞學科第一人

貢生

古者之學耕且養三年而通一經近代食以餼廩董以師儒所謂養之於譽望未隆之日用之於周容庶務之後者也既無胼胝之勞并其力於講習乃必幾二十年而及於貢即有恩選之典必遇大慶然後舉行何也養之既厚取之極難也譬之樹人猶樹木也柱楶楫栟櫚榱枅櫨皆賴而用及時以采豈乏異材哉雖然養士之意則獨厚矣

明洪武年

王廷壽十六年給事中　王會同十八年推官　鄭興宗知縣

葉昇十九年主事　陳成二十年教諭　史矩

章靖二十二年主簿　陳理二十四年主事　李牧二十六年教諭

徐壽二十七年　劉昱經歷　王本道府學二十八年主事

董篪三十年　王雄三十一年通判　陳庸三十二年主簿

孟處中三十三年　賞震三十四年理問

永樂年

陳賢元年御史　吳思齊　賀安三年

周頤四年布政有傳　周得安五年縣丞　陳道生六年知州

趙克禮七年　謝霦八年學正　潘敬九年經歷

錢侃十年知縣　張順十一年經歷　錢驥十二年

丘壽十三年　許艮十四年　龔俔府學同知

范灝十五年員外　張定十六年吏部主事　姚勤十七年

王嶼十八年訓導　金眞知州　任孜二十五年同知

宣德年

史恂二年通判　賞瓚五年同知　袁達知事

章敬府學　徐霦八年教授有傳　陳眞九年推官

范璇府學　鄭正十年經歷

正統年

盛魯元年　金讓二年同知　孟欽三年知縣

施瑋四年知縣　錢金府學　季春五年知縣

張猛紀善　王俊八年知縣　陳傑十年

錢曦　童瑛十三年府學郎中

景泰年

焦茂元年　傅潤二年　錢祚四年

王黼六年

天順年

陶博 府學知縣　董倈　張闓 三年經歷

袁敬 府學四川學正　陶懷 博之兄　董駿 都司經歷

馮則　張勉　嚴顒

周瑄　陶振　范鏞

余旺 八年訓導

成化年

邵畯 元年同知濂之孫　陳彪 二年訓導　章惟 四年府學通判

鄭疇 教授　張閑 六年訓導　胡福 府學理問

徐耕八年訓導霦之子　馬匡十二年教授　范琬十六年訓導

秦鑑二十年　王晛

弘治年

張稚元年　金灝府學教授　馬振三年訓導

沈珪五年教諭　傳濙七年訓導　汪濂八年府學紀善

孟韶九年訓導　秦鐸訓導　季翺十年府學駿之子

車侹份之兄　羅騏十二年訓導　錢鐀訓導

韓讓十五年封中順大夫　魯楨十六年　謝顒府學教授顯之弟

章槐十八年學錄

正德年

章文奩 二年訓導　章材 府學訓導槃之兄　章卓 三年府學教諭

周淵 四年紀善鑑之子　沈炳 訓導　章檀 五年訓導槐之弟

章尚和 雲南貢紀善　范燦 六年訓導　葉嵩 八年訓導

范份 十年知縣　陶詩 十二年知縣　胡慶 府學教諭恩之弟

趙錦 十四年知縣　黄壤 武學教授　邵賢 十五年

章拯 十六年府學　吳价 教諭

嘉靖年 七年令天下歲貢五名內考選一名八年令天下歲貢通學考選一名至十五年止

范岡 元年　董本 府學教諭師道克舉居鄉尚義務施有古人風

倪實二年教諭　陳九皐知縣純之子　陶試四年訓導

倪魁訓導　邵文琳六年　沈紫

金堦字允升知縣好學有操同馬堯相草邑志多考索功　章元宸七年府學

徐綱十二年　王俊十三年縣丞　陶雲漢府學同知

馮德容十四年知縣文才儁拔尤工詩賦士類推之　秦倣十六年訓導

馬呈泰府學推官　章守道十七年訓導　陶萘府學訓導

馮文德十八年　魯炫　章乾二十年敞元孫

朱景祿訓導　董頫府學豫之孫　徐夢熊二十二年府學教諭

馬堯相晉之兄有傳　余瓘二十三年府學　陳慥二十四年教諭

陶廷奎二十六年武學訓導試之子爲人長厚以至誠待僚友以科條率諸士罔不敬服子承學貴贈禮部尚書　朱袍二十八年訓導　胡許府學

徐夢麒夢熊弟訓導　錢翺三十年學正　陶天眷三十二年訓導

陶師道教授　陶廷進三十三年訓導　朱元亮府學改名昇

黃鍾三十八年教諭　姚文泮府學訓導　龔漸四十年府學

陸慎四十一年　章允和四十二年府學　章元組四十三年

沈棉府學　錢堯中四十四年府學　魯時四十五年

隆慶年

沈弘宗元年　陸宗儒二年　陳欽四年

沈楩 六年

萬曆年

王德 元年　馮韶 二年　章繼省

陶玉　龔雲礽 提舉　章夢說

章士襄　陶允嘉　章元禮

陶安齡 副榜恩貢通判　朱政 知縣　陳楫

李爲　汪簦　吳價

商爲臣　范紹袠 通判祀名宦鄉賢附父傳　王鱗 同知

袁大鶴 三十五年州判　沈雲中 大平縣學訓導　沈應禮 知縣

天啓年

周官 元年教諭　章正宸 恩貢　陸份 辛酉副榜恩貢

孟大禎 四年　錢節 六年　章元愷 七年

金絅 恩貢纂修實錄爲人孝友忠信薦老好學屬纊猶一編在手子纛癸卯經魁

張應朝 恩貢通判事母戴氏至孝妻朱氏亦以孝聞　周士昌 恩貢東昌府通判

崇禎年

王萬祚 知縣行取御史　俞應篕 元年　陳紹誠 恩貢

阮志純 三年　王敬承 五年　祝汝霖 七年

孫鰲 九年　賞竒璧 欽賜進士　王業澄

錢忠耿　錢履吉知州　沈濂貴州拔貢

錢象祖　陶瀵副榜同知　錢長吉

李肇開府學九年炤鄉試拔貢四川廣元縣知縣　陶履卓肇開同榜癸未會魁

王中台十一年　金相十三年　祝汝樽十五年

史長春十七年　趙之蘭　胡士諤副榜恩貢以孝聞

沈士彥恩貢州判殉節　金國泰象山教諭　沈明輔湯溪教諭

李肇源壬午歷官延安知府多惠政道德爲世所重著有金明政畧淮河治畧析疑諸書

祝紹焻彥之孫　史應選櫃之孫知府　童欽堯壬午

皇清順治年

陸之甲二年　周懋龍四年　史在德恩貢

范祝　劉宗明恩貢知縣　葉廷樞府學恩貢

徐名世戊子拔貢　姜廷櫆戊子副榜　傳列張

孟稱舜六年稱堯弟著有史法諸書及傳奇數種　馬世禎府學

魯夢泰七年府學　傅弘謨八年　傅列軫府學

陳朝侃恩貢知縣　龔元綬十年　陶士章甲午恩貢同知

王兆脩以寧子府學　陳堯典十二年　姜天權十四年

周祖儀府學　賞弘道十六年　顧恒十八年

范謌恩貢　董國政恩貢　任道知縣

[illegible]政恩貢　姚楷知縣

康熙年三年停八年復

阮洪二年　董正九年元儒孫　錢杲新府學
劉天章十一年　沈子教府學　章斐十一年恩貢

會稽續志　卷十九　選舉志　一

特用

帝王創業類有攀鱗附翼之彥雲蒸霞蔚以翊從焉誠希世而一遘也漢唐取士踵事增華故瀛洲之選遠勝鴻都之學秦王在座眞氣洸[illegible]人牖元齡如晦由此進矣

國朝立賢無方負大經濟者已加顯秩而一才一技並彰于

聖世特載篇端以志遇合之盛

皇清沈文奎有傳　張尚都御史　祖重光本姓王巡撫

嚴我公 奉詔招撫加都御史實授戸部郎中權關許墅疏除扶柩之稅人皆感之陞知府

[redacted] 知府　張學曾 副榜知府　陳士陞 知州

謝祖悇 驛傳道　季璜 同知　錢應震 中書舍人

胡世美 通判　魯超 同知　羅京 同知

劉孔學 通判　姚楷 知縣　陸舜臣 知縣

阮振益 知縣　孟繼美 知縣　任懋義 知縣

范楨 知縣　金夢蛟 知縣　金鋌 知縣

徐化成 字文候丁亥恩貢由廣東右布政遷河南左布政陞湖廣巡撫所至有異績

會稽縣志卷第十九 終

會稽縣志卷第二十

選舉志中

舉人　進士

舉人

士舉於鄉即未筮仕不與儕輩伍是以竭智畢能揣摩歷歲月以期當主者一日之知足重刑而復來首垂白而不去以爲莫榮於是且曰會稽山川佳氣舉數獨多以觀宋元迄於今凡抱絕學立奇績者亦出其中以是爲山川佳氣可矣

宋大觀二年戊子科

張宇發 別院省元有傳

淳祐三年癸卯科

胡曾 省元

景定二年辛酉科

章斌 省元

咸淳九年癸酉科

金益信 省元

元延祐四年丁巳科

夏亨泰 有傳　邵貞

泰定三年丙寅科

邵德潤

至順元年庚午科

朱本然

至正元年辛巳科

姚文儒　邵仲剛

至正七年丁亥科

邵德彰　邵子靜

至正十年庚寅科

邵仲英　錢宰

明

洪武三年庚戌科詔開科以今年八月爲始各行省連試三年自後三年一舉

錢尚絅有傳　趙友能

洪武十七年甲子科

吳輔　吳祥改名慶　邵思恭

王子真

洪武二十年丁卯科

殷成

洪武二十六年癸酉科

王斌

洪武二十九年丙子科

邵至善　給事中

洪武三十二年己卯科

葉坦

永樂元年癸未科

徐初　理卿 有傳　　章儆　斌之五 世孫　　許茂昌

司馬符　教諭

永樂三年乙酉科

趙魁　羅友寧順天知縣

永樂六年戊子科

張習

永樂九年辛卯科

邵廉有傳

永樂十二年甲午科

胡智　胡季舟有傳

永樂十八年庚子科

章宗信　陳絅

宣德元年丙午科

章瑾　敞之子

宣德七年壬子科

鄭貞　僉事

宣德十年乙卯科

邵祥　廉之子　長史

正統三年戊午科

張鵬　禎遜姪　訓導

正統六年辛酉科

沈性　錢金應天教授

正統九年甲子科

謝旭訓導　季駿

正統十二年丁卯科

章瑄敞之姪　王勤斌之孫順天

景泰元年庚午科

邵能長史　韓鄉長史宋忠獻王十二世孫

曹謙知府有傳　馬軒知縣　婁芳

邵潤

景泰四年癸酉科

胡謐解元有傳　章以誠知州　劉英考功郎中

孟顒　錢輪金之子順天知州

景泰七年丙子科

方愷　朱諲學錄有傳

天順三年己卯科

韓垣　徐正教諭

天順六年壬午科

周鑑　章軫　楊昱知縣

朱璀知縣　魯璵助教有澹庵集　鄭仁憲順天

成化元年乙酉科

龔球俛之姪通判　陶性懷之弟　董復有傳

謝顒旭之弟

成化四年戊子科

章忱惟之弟　任謹　董豫復之兄有傳

張闓鵬之姪　韓邦問黼之子湖廣有傳

成化七年辛卯科

陶懌 懷之弟

成化十年甲午科

鈕清　秦煥

成化十三年丁酉科

倪宏 知縣　朱顯　胡恩 智之孫

胡怡 恩之弟推官　吳侃

成化十六年庚子科

謝圭 旭之姪經魁知縣　陸寧

成化十九年癸卯科

秦鋭 渙之姪　謝會 旭之子　車份

閻士克

成化二十二年丙午科

胡德 謐之子　陶諮 性之子知縣　陶詰 諮之弟知縣

陳鎬 應天解元　陳欽 鎬之弟應天　韓大章 邦問弟湖廣

弘治二年己酉科

陳元 經魁　楊垠 昱之子知府

弘治五年壬子科

胡悊 恩之弟知縣　錢曄　馬敬 推官

弘治八年乙卯科

陶諧 詰之弟 解元　陶璐 性之兄 知縣　章柔 悦之姪

弘治十一年戊午科

葉信 上虞籍　朱晃 瓘之子 知縣　章槩 悦之姪

錢士宜 輪之子 同知

弘治十四年辛酉科

董玘 復之子　毛鳳 紹興衛籍　陶諤 諧之兄 知縣

季本 初知碭山歷遷寶慶府判廉州貳守終伊府左長史所至郡縣並潔己愛民碭山寶慶兩祀名宦家居恬淡長厚爲鄉人所推　張應符

弘治十七年甲子科

季本木之弟經魁　陳銘欽之弟　謝恕顯之弟通判

姚鵬

正德二年丁卯科

韓明讓之子　沈藎珪之弟知州　姚暠知州

沈弘道炳之子　單敞通判　沈磐廣西

正德五年庚午科

謝元順澤之孫　謝恩顯之子順天知州

正德八年癸卯科

毛一言紹興衛籍　張思聰應符之孫　羅江雲南

正德十一年丙子科

章浩　秦位通判順天　章元紀順天

正德十四年己卯科

司馬相是年會試十六年廷試溫公十五世孫　王揚

嘉靖元年壬午科

董瓏玘之弟　陶師文應天同知祀名宦

章季順天長史

嘉靖四年乙酉科

章大綱 同知　謝徽 順天知縣　陳鳳 應天

嘉靖七年戊子科

謝紘 會之孫　謝廷試 復姓商

嘉靖十年辛卯科

章美中 以誠曾孫　沈鍊 紹興衞籍　謝廷訓 順天知縣

嘉靖十三年甲午科

商連 廷試之兄推官　鈕緯 清之孫　章秉中 美中弟知州

陳鵠

嘉靖十六年丁酉科

章煥 會試中式不與廷試　徐綱 應天　沈橋 順天

王楠 楊之兄順天

嘉靖十九年庚子科

周炎 鑑之曾孫　趙理　陶大年

馬晉 任趙州知州改光州俱有惠政歸家詩酒自樂輕財重諾尤重族誼有詩學衍義四書詳纂行世

嘉靖二十二年癸卯科

沈束 藎之子解元　陶承學 試之孫　陶大有 師文之子副使

張梧 提舉

嘉靖二十五年丙午科

朱奎　胡朝臣直孺裔孫　胡儒季舟曾孫

陳舜仁通判

嘉靖二十八年己酉科

陶幼學承學之弟布政　范槚　陶大臨諧之孫有傳

范性知縣　錢匡之　謝宗明

胡崇曾謐曾孫　錢呈之匡之兄知縣

嘉靖三十一年壬子科

馬藴晉之子　司馬初相之子　余倫知縣

龔芝 球之孫 順天

嘉靖三十四年乙卯科

章如鉉　史櫝　蔡天中 改名 戍中

葉應春 衛籍 順天　葉應暘 應春弟 順天

嘉靖三十七年戊午科

陶大順 大臨兄 畿省兩舉經元父子 同科進士歷官副都御史

余相　秦文捷 知縣

嘉靖四十年辛酉科

陶允淳 大順子 尚寶丞　章如鈺　錢守愚 衛籍應 天知縣

沈大綬順天

嘉靖四十三年甲子科

陳大綜衛籍鵠子經魁 陳時 張溥御史洽之子

陶允光大年子經魁 羅萬化有傳 章禮順天解元

商爲士璡之子

隆慶元年丁卯科

車應祥份之孫

隆慶四年庚午科

陶允宜大臨子經魁 朱大經 嚴允立

商爲正 廷試子忠能格主惠溥均徧力行條鞭闔人至今思之
馬捷　董子行　沈弘宗 順天
萬曆元年癸酉科
錢世賢　祝彥　范可奇
司馬祉 相之子山西　司馬晰 初之子山西解元
萬曆四年丙子科
葉雲礽 歷官副使清愼自矢居鄉有洛社之風祀九江名宦第四子汝荃天啓甲子科舉人
徐桓　吳達道　陶允明
章延鼎　趙夢日 順天　司馬曄 山西

章若昌

萬曆七年己卯科

胡琳 馬文奎 改名文圻 錢櫝

章守誼 章守誠 相城令力行條鞭卓異考選御史以直聞官至參政

徐大化 順天 錢守魯 守愚弟應天

鈕應魁 緯之孫順天知縣

萬曆十年壬午科

陶志高 大有孫 沈良臣 章爲漢

章允升

萬曆十三年乙酉科

陶望齡 承學子 經魁　劉毅 居官實意爲民 居鄉和雅可法

王邦彥 順天　章維寧 順天

陶與齡 應天以子履中官知府 贈中憲大夫有傳

萬曆十九年辛卯科

翁汝進　張宇全　董啓祥 順天

董懋中 應天杞 之曾孫　張泰禎

萬曆二十二年甲午科

姚會嘉　金應鳳　王以寧

周用賓　馬燈　陳淙順天

萬曆二十五年丁酉科

商周祚廷試之孫　錢象坤　劉宗周

林紹明　王舜鼎順天　沈縉

王承恩應天　徐如翰上虞籍

萬曆二十八年庚子科

董懋史有傳　董元儒　鄭之尹

錢應錫　陶大邦　章守讓與化

章志伸　陳宗節　同知

萬曆三十一年癸卯科

周敬先　姚允莊有傳　陸夢龍

陶爽齡有傳　謝國柱　范維達順天

金鎔貴州　林紹祖順天　范繼業順天

萬曆三十四年丙午科

陶榮齡　謝啓廷　沈應魁

陳治安順天有傳

萬曆三十七年己酉科

陶崇道　潘融春　王先鐸

馬文燿　張文炳順天　姚應嘉順天

萬曆四十年壬子科

張期昌　董成憲 啓祥子　章志佺 亞魁

羅元賓 順天萬化孫

萬曆四十三年乙卯科

秦弘祚　姜一洪　范紹序

薛應聘 順天

萬曆四十六年戊午科

馬維陛 有傳　陳孔教 川南道有傳　章重

魯元寵 順天　商周初 應天禰祚弟　金蘭

天啓元年辛酉科

馬權奇　董密　朱稷

徐湯英大化子更名鼎　鮑經濟　錢忠愛順天

余煌順天　張維勤順天　葉雲裕順天

金應元知縣死難有傳　白其昌順天

天啓四年甲子科

葉汝荃　章龍霖　阮承咸

凌元鼎　唐九經順天　鈕國藩同知

天啓七年丁卯科

曹惟才解元　陸大紳亞魁　姚允致

孟稱堯　鄭體元北監　沈光裕北監

崇禎三年庚午科

葉汝蒞有傳　潘同春　傅克相

章正宸順天　李論問順天更名冲　高岱順天有傳

朱光熙順天　倪夢商順天　錢鼎新順天

林榜順天後改名宸肆力學問爲古詩歌自娛

崇禎六年癸酉科

王紹美經魁　董期生知府著有四書詩錄治河理雷諸集

沈綵 順天稱能文敦節義祖樘父肅祀鄉賢

王臺 能詩文負經濟　徐文英 順天

崇禎九年丙子科

王紹蘭　周洪任　王之垣

魯桌　俞邁生 有傳

崇禎十二年己卯科

陶秉禮 順天經魁　陶祖猷 貴州經魁　袁州佐 山東

錢艮璧　童欽承 北籍　言承游 河南

崇禎十五年壬午科

王自超　陶履卓應天　姜希轍順天

葉雷生知縣　鈕應斗　王士捷

皇清順治二年乙酉科

陸嵩北籍　陸華疆北籍　金昌胤順天

王士驥順天

順治三年丙戌科

范礽南康推官陞同知主鹿洞鵞湖書院脩廬山博山鹿洞鵞湖等志著審克錄于二篇

唐允思　趙陛府學　祝紹熲

俞有章禮部員外有傳　龔勳　范進　徐兆舉

順治五年戊子科

馮肇楠　王茂　知縣　唐庚堯　允恩子

陶澄齡　順天　王仲　順天籍知府　徐光極

順治八年辛卯科

章貞　府學　錢沈燦　湖州學

順治十一年甲午科

姜廷櫸　陶作楫　邵懷棠

單之騄　董艮櫝　府學生　舉子　顧豹文　錢塘籍

李平　章煒　順天

順治十四年丁酉科

金煜　姜文鼎本姓王　余駿聲

王穀振

順治十七年庚子科

王百朋　袁汝顯順天

康熙二年癸卯科

金燾經魁綱之子　王燦　陳光祖北籍　姚啟聖北籍

康熙五年丙午科

王穀韋　趙嘉遲　陸嶠北籍

康熙八年己酉科

馬青　袁顯襄　徐琦 府學

王永芳 本姓葉　李揆敘

康熙十一年壬子科

姜之琦 府學　陶式玉 元嘉曾孫　邵天岳

陳灝　秦宗游 府學　徐晉 北籍

陸晉 北籍嵩之子

進士莫榮於唐宋然以所及見者邑之中俊賢雋則車馬騈集其門閭巷觀者蟻聚焉錦繡幣帛充於庭親黨相誇於道路且曰自是而或司方社或歷公孤致主澤物為宗族鄉黨光寵於是人賴之在近代且然何論唐宋雖其後宦績之高下人或得而辨之凡登是選者則必並志其名

唐賀知章有傳

宋淳化二年辛卯科孫何榜

錢昆

咸平二年巳亥科孫暨榜

錢易有傳

大中祥符八年乙卯科蔡齊榜

齊廓秘書監有傳

天禧三年巳未科王整榜

孫沔樞密使有傳

天聖八年庚戌科王拱辰榜

齊唐有傳

寶元元年戊寅科呂溱榜

沈紳樑之子謚文肅　錢彥遠有傳

慶曆二年壬午科楊寘榜

朱奎　徐紘　錢明逸彥遠之子

慶曆六年丙戌科賈黯榜

何玠　朱琮　陳惟湜

皇祐元年巳丑科馮京榜

闞杞　闞希聲　余叔良

任秉　楊庋

皇祐五年癸巳科鄭獬榜

韓希文　應瑜　張琦

李燮

嘉祐二年丁酉科章衡榜

余京

嘉祐四年己亥科劉煇榜

關景仁

嘉祐六年辛丑科王俊民榜

錢嵊　張燾　馮豫

嘉祐八年癸卯科許將榜

關景暉　張濟

治平二年乙巳科楊汝礪榜

余𢑴　王長彥

熙寧六年癸丑科余中榜

關澥　鍾昇　沈篡

熙寧九年丙辰科徐鐸榜

張祖艮

元豐二年己未科時彥榜

華鎮有傳

元豐五年壬戌科黃裳榜

沈兗　徐充　戚儀

詹京　蔡繪　詹默

元豐八年乙丑科焦蹈榜

張畝

元祐六年辛未科馮涓榜

朱卬

元符三年庚辰科李釜榜

盛旦

崇寧二年癸未科霍端友榜

徐公佐

崇寧五年丙戌科蔡嶷榜

郁藻　潘彬主簿

大觀三年己丑科賈安宅榜

臧言　華初平鎮之子有傳　王俊

張宇發祖艮子有傳　王輔

政和二年壬辰科莫儔榜

張公彥　翁彥約

政和五年乙未科何㮚榜

張翊　錢唐休

政和八年戊戌科嘉王榜 宋志嘉王楷第一登仕郎王昂第二徽宗宣諭嘉王云有司考在第一不欲以魁天下乃以第二人爲榜首

諸葛行敏　錢唐俊 唐休弟　孫鼎

宣和三年辛丑科何渙榜

陳陞　王休 俊之兄

宣和六年甲辰科沈晦榜

諸葛行言行敏弟　謝作　胡尚智

建炎二年戊申科李易榜

陳炳　孫適　詹彥若黙之子

紹興五年乙卯科汪應辰榜

王賓

紹興八年戊午科黄公度榜

繆淮

紹興十二年壬戌科陳誠之榜

徐几　詹承家京之孫　詹林宗承家弟

紹興十八年戊辰科王佐榜
沈壽康　　詹亢宗林宗弟
紹興二十七年丁丑科王十朋榜
孫國安邁之子
隆興元年癸未科木待問榜
魏中復　　許蒼舒
乾道二年丙戌科蕭國梁榜
楊寅　　張仲宗
乾道五年己丑科鄭僑榜

會縣

乾道八年壬辰科黄定榜

錢粲 唐俊子　張拱辰 宗仲姪　張亨辰 拱辰弟

許開 耆舒孫

淳熙二年乙未科詹騤榜

詹騤 林宗子有傳 世家南門外　盛勳

淳熙八年辛丑科黄由榜

諸葛千能 行敏姪　魏挺

淳熙十一年甲辰科衛涇榜

施累　董之奇

淳熙十四年丁未科王容榜

徐三畏

紹熙元年庚戌科余復榜

諸葛安節行敏姪　潘方

紹熙四年癸丑科陳亮榜

許閎開弟　王度　劉宗向

慶元二年丙辰科鄒應龍榜

曾勲　王淑　楊拱辰

慶元五年己未科曾從龍榜

曾黯 槩姪　張撫辰 宗仲子

開禧元年乙丑科毛自知榜

張浹辰 宗仲子

嘉定元年戊辰科鄭自誠榜

諸葛興 行敏侄

嘉定七年甲戌科袁甫榜

朱晉　陳亨祖

嘉定十三年庚辰科劉渭榜

王秳　尤孟逵

紹定四年慶壽恩釋褐賜進士出身

王傑

紹定五年壬辰科徐元杰榜

葛焱　施退翁　胡昌

陳錫禹　楊釋回拱辰姪

端平二年乙未科吳叔告榜

施德懋有傳

嘉熙二年戊戌科周坦榜

劉會　全清夫　胡太初余潛子

韓境琦六世孫

寶祐元年癸丑科姚勉榜

沈翥紳五世孫　夏仲亨　唐震有傳

寶祐四年丙辰科文天祥榜

徐理

開慶元年己未科周震炎榜

李應旂御史

景定三年壬戌科方山京榜

陸天驥

元延祐二年乙卯科張起巖榜

邵貞

泰定四年丁卯科李黼榜

邵德潤

至正二年壬午科陳祖仁榜

姚儒文　邵仲綱

至正十一年辛卯科文允中榜

邵仲英　錢宰有傳

明洪武三年詔凡鄉試中者行
省咨中書省判送禮部會試

洪武四年辛亥科吳伯宗榜

趙友能　主事

洪武十七年詔凡鄉試中式出給公
據赴禮部會試以次年二月爲始

洪武十八年乙丑科丁顯榜

王肅　王子真　邵思恭

洪武二十一年戊辰科任亨泰榜

吳慶　主事　吳輔　殷成

洪武二十七年甲戌科張信榜

王斌 知縣

永樂二年甲申科曾棨榜

章敞 有傳

永樂七年己丑科蕭時中榜

張習

永樂十九年辛丑科曾鶴齡榜

胡智 布政使 有傳

章信宗 御史

永樂二十二年甲辰科邢寬榜

陳綱 御史

正統元年丙辰科周旋榜

章瑾侍郎

正統十年乙丑科商輅榜

季駿僉事

正統十三年戊辰科彭時榜

王勤參政

景泰二年辛未科柯潛榜

沈性知府有傳　邵能郎中

景泰五年甲戌科孫賢榜

章瑄太僕少卿有傳

天順元年丁丑科黎淳榜

胡謐參政有傳　孟韻行人司副

天順四年庚辰科王一夔榜

婁芳御史

天順八年甲申科彭教榜

周鑑知府

成化五年己丑科張昇榜

謝顯　韓邦問刑部尚書謚莊僖有傳

成化十一年乙未科謝遷榜

董復 知府 有傳

成化十四年戊戌科曾彦榜

鈕清 副使

董豫 僉事 有傳

章忱 知府 有傳

鄭仁憲 知縣

成化十七年辛丑科王華榜

張誾 大理寺副

成化二十年甲辰科李旻榜

陸寧 知府

成化二十三年丁未科費宏榜

胡𢡟主事　秦渙知縣　陳鎬副都御史有傳

車份有傳　陳欽副使

弘治三年庚戌科錢福榜

秦銳副使　陶懌叅議有傳

弘治六年癸丑科毛澄榜

胡恩叅議　陳元知府　韓大章知府

弘治九年丙辰科朱希周榜

陶諧有傳

弘治十二年己未科倫文敘榜

錢暐

弘治十五年壬戌科康海榜

葉信 知府

弘治十八年乙丑科顧鼎臣榜

董玘 會元榜眼吏部侍郎贈尚書謚文簡有傳

正德三年戊辰科呂柟榜

章槩 知府　毛鳳 御史　姚鵬 副使

陳銘 同知

正德六年辛未科楊慎榜

韓明 僉事 讓之子

正德九年甲戌科唐皐榜

張思聰 參政　羅江

正德十二年丁丑科舒芬榜

季本 知府見理學傳　沈弘道 僉事有傳　謝元順 郎中

正德十六年辛巳科楊惟聰榜

司馬相 其先本溫國文正之裔自夏邑遷越郡家焉初授刑部主事有戚里犯法執問不少貸稍遷福建僉事以大獄被譴歸家居十餘年卒自砥礪孝友清約無間于鄉評所著非泉遺藁越

郡志畧俗各十卷子初祖並舉進士　王楊山東

嘉靖五年丙戌科龔用卿榜

毛一言僉事

嘉靖八年己丑科羅洪先榜

謝紘知府

嘉靖十四年乙未科韓應龍榜

陳鳳僉事

嘉靖十七年戊戌科茅瓚榜

王楠　沈鍊贈光祿卿有傳　陳鵠僉事

嘉靖二十年辛丑科沈坤榜

商廷試初知黄州府祀名宦終甘肅行太僕寺卿　沈橋按察使附祖性傳

章美中同知　章煥僉事　陶大年參政有傳

徐綱知府　鈕緯僉事清之孫

嘉靖二十三年甲辰科秦鳴雷榜

沈束通政使有傳　陶大有副使

嘉靖二十六年丁未科李春芳榜

胡朝臣前通政司有傳　陶承學禮部尚書謚恭惠有傳

嘉靖二十九年庚戌科唐汝楫榜

趙理 僉事　范檟 知府有傳　胡崇曾 同知前主事

嘉靖三十二年癸丑科陳謹榜

司馬初 知縣

嘉靖三十五年丙辰科諸大綬榜

陶大臨 榜眼吏部右侍郎贈禮部尚書謚文僖有傳　謝宗明 僉事

葉應春 知府　龔芝 同知

嘉靖三十八年己未科丁士美榜

陶幼學 布政　胡儒 行人

嘉靖四十一年壬戌科申時行榜

史櫝參政

嘉靖四十四年乙丑科范應期榜

張博長史前給事中　陶大順有傳　陶允淳尚寶司丞

隆慶二年戊辰科羅萬化榜

羅萬化禮部侍郎有傳　章禮參議　朱南雍甲戌會試同考僕卿

隆慶五年辛未科張元忭榜

商爲正大理寺少卿　章如鈺知縣

萬曆二年甲戌科孫繼皐榜

陶允宜會魁員外　陳大綬國子學錄　范可奇副使有傳

司馬祉　知府

萬曆八年庚辰科張懋修榜

葉雲礽　參政　　錢檟　國子助教有傳　　徐桓　參政

萬曆十一年癸未科朱國祚榜

章守誠　參政　　沈艮臣　行人　　徐大化　工部尚書

萬曆十七年己丑科焦竑榜

陶望齡　會元探花國子監祭酒謚文簡特祠有傳　　胡琳　有傳

劉毅　廣西布政

萬曆二十三年乙未科朱之蕃榜

翁汝進參政

萬曆二十六年戊戌科趙秉忠榜

王舜鼎有傳　王以寧有傳

金應鳳山西布政　陸夢祖有傳

萬曆二十九年辛丑科張以誠榜

錢象坤大學士有傳　徐如翰推陞巡撫有傳　姚會嘉御史

傅賓禮部主事有傳　董元儒巡撫有傳　商周祚吏部尚書有傳

劉宗周左都有傳

萬曆三十二年甲辰科楊守勤榜

林紹明 廉使 章若昌 主事

萬曆三十八年庚戌科韓敬榜

張泰禎 副使 陶崇道 給事疏叅逆璫 陸夢龍 有傳

萬曆四十一年癸丑科周延儒榜

姚應嘉 大理卿有傳 董懋中 玘曾孫尚寶卿 周用賓 御史叅魏璫見統紀

萬曆四十四年丙辰科錢士升榜

范紹序 保定推官陞刑科給事附父傳有直聲祀保定名宦

姜一洪 布政

萬曆四十七年己未科莊際昌榜

馬維陛參議有傳

天啓二年壬戌科文震孟榜

錢忠愛知縣　羅元賓操江御史

天啓五年乙丑科余煌榜

余煌有傳　鄭之尹大同僉事　金蘭學院陞少卿

崇禎元年戊辰科劉若宰榜

張星順天庶吉士歷滁和僉事　商周初給事歷仕常鎮道

魯元寵推官行取編修歷官副使

崇禎四年辛未科陳于泰榜

馬權奇主事

嚴起恒

章正宸庶吉士給事有傳

曹惟才興化府推官

崇禎七年甲戌科劉理順榜

朱光熙知縣

錢良翰

崇禎十年丁丑科劉同升榜

唐九經順天籍推官

章重福安知縣

李冲

崇禎十三年庚辰科魏藻德榜

王紹美肇慶府推官

沈光裕北籍

崇禎十六年癸未科楊廷鑑榜

王士捷順天籍推官　陶履卓承學孫有傳　徐鼎大化子

魯㮚庶吉士　余增遠煌之弟有傳　鈕應斗知縣

王自超舜鼎孫翰林庶吉士制舉業爲世所譽

皇清順治三年丙戌科傅以漸榜

陸華疆北籍　陸嵩北籍　王士驥北籍

順治四年丁亥科呂宮榜

謝泰北籍　丁同益北籍　徐兆舉知府

順治六年己丑科劉子壯榜

王慶章　董欽承　張舜舉北籍

范進
順治九年壬辰科鄒忠倚榜
唐賡堯　周沛生
順治十二年乙未科史大成榜
章貞　龔勲　顧豹文
袁州佐　姚啓盛北籍
順治十五年戊戌科孫承恩榜
董艮櫝期生子　鍾國義　馮肇楠
金煜蘭之孫

順治十六年己亥科徐元文榜

陶作楫　李平懋芳孫編修　陳之藴

順治十八年辛丑科馬世俊榜

滕逵　周世澤

康熙三年甲辰科嚴我斯榜

王燦

康熙六年丁未科繆彤榜

王穀振以寧孫　孫宣化　邵懷棠

康熙九年庚戌科蔡啓僔榜

童煒

王穀韋 穀擴弟

縣志　卷二十　選舉志　三